PROCÉDÉ AU TANNIN.

Paris. — Imprimerie de GAUTHIER-VILLARS, rue de Seine-Saint-Germain, 10.

LE

PROCÉDÉ AU TANNIN,

Par M. C. RUSSELL.

DEUXIÈME ÉDITION,

ENTIÈREMENT REFONDUE, ET COMPRENANT LA DESCRIPTION DES NOUVEAUX
PROCÉDÉS DE PRÉPARATION, DE DÉVELOPPEMENT, ETC.

TRADUIT DE L'ANGLAIS,

Par M. AIMÉ GIRARD.

PARIS,

GAUTHIER-VILLARS, IMPRIMEUR-LIBRAIRE
DU BUREAU DES LONGITUDES, DE L'ÉCOLE IMPÉRIALE POLYTECHNIQUE,
SUCCESSEUR DE MALLET-BACHELIER,
Quai des Grands-Augustins, 55.

1864

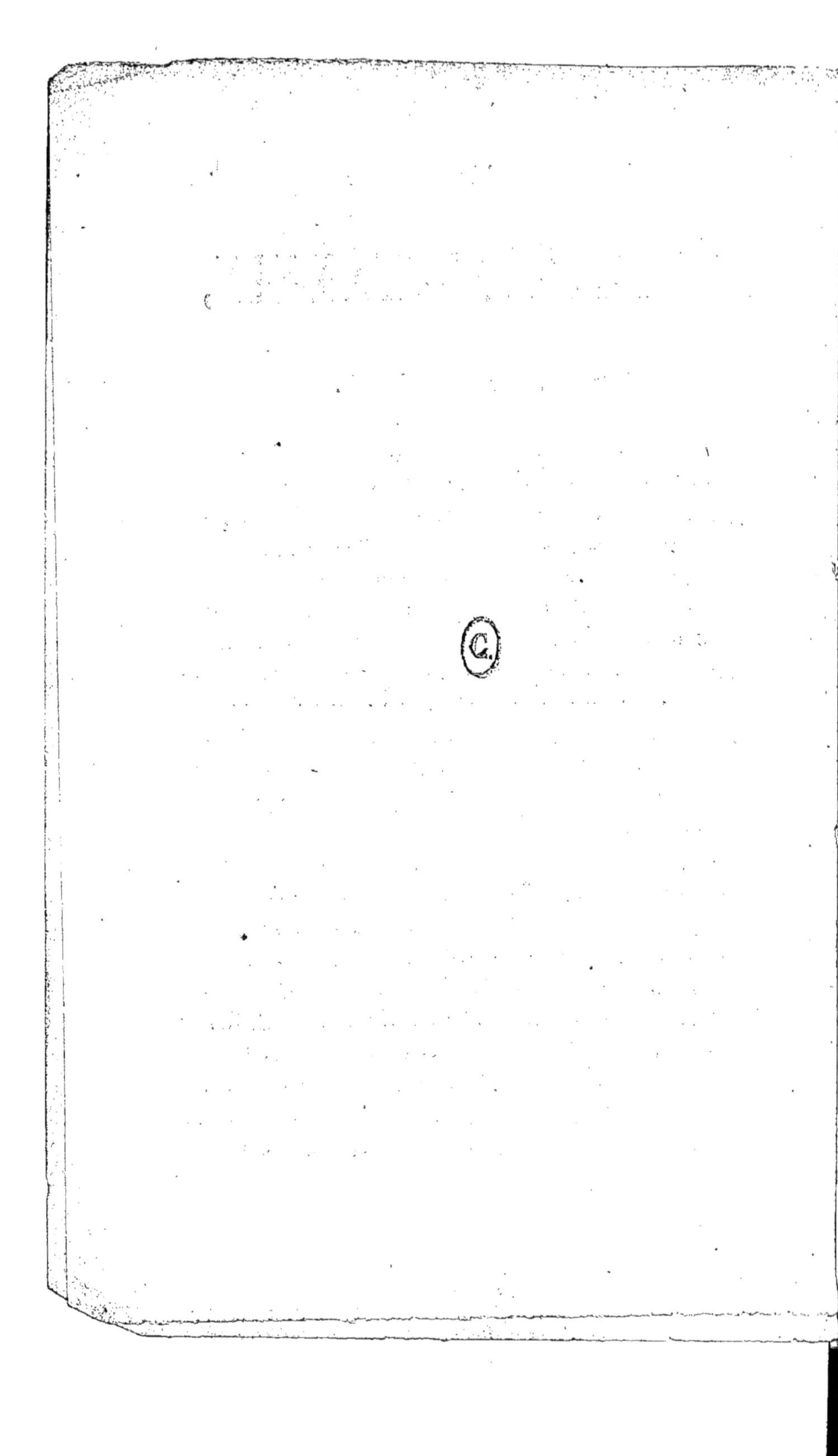

PRÉFACE DU TRADUCTEUR.

DEUXIÈME ÉDITION.

Les conditions de la Photographie ont subi depuis quelques années une métamorphose complète, et l'emploi du collodion, limité autrefois à l'atelier, fait aujourd'hui partie essentielle des méthodes applicables aux excursions artistiques et scientifiques.

Le papier ciré ne compte plus qu'un petit nombre d'adeptes, l'albumine n'est guère sortie des mains habiles qui, grâce aux difficultés de ce procédé, avaient su s'en faire un monopole, et enfin le collodion humide, malgré les perfectionnements introduits dans la construction des ateliers portatifs, ne saurait être considéré en voyage comme une ressource certaine et commode dans tous les cas.

C'est aux différents procédés qui se sont donné pour but de conserver au collodion sensibilisé, pendant un temps plus ou moins long, ses qualités photographiques, qu'est due la métamorphose que nous venons de signaler. Parmi ces procédés, les uns consistent à revêtir la surface de collodion de substances déliquescentes ou rebelles à la dessiccation, de manière à la maintenir dans un état d'humidité tel, que sa sensibilité ne soit pas altérée par le temps; mais l'emploi de ces substances rend les manipulations très-délicates

I.

sous l'influence des poussières qui voltigent constamment dans l'atmosphère ; les autres, appelés, avec juste raison, procédés à sec, modifient au contraire la couche humide, et spongieuse du collodion, en la remplaçant par une surface sèche, dure et polie. Tels sont les procédés basés sur l'emploi des baumes, des résines, des mucilages, de la gélatine, de l'albumine, etc. Ce sont là les procédés qui seuls nous paraissent véritablement dignes d'être considérés comme applicables aux excursions photographiques. Il en est un surtout, dû à un savant et regrettable physicien, Taupenot, qui, basé sur l'emploi de deux couches superposées de collodion et d'albumine, a permis à quelques opérateurs d'obtenir, presque avec certitude, des épreuves du plus haut prix. Mais ce procédé est d'une manipulation longue et délicate, et plus d'un opérateur s'est souvent rebuté en présence des difficultés qu'il présente.

A côté du procédé Taupenot est née, il y a quelques années, une méthode nouvelle due à M. le major C. Russell. Basée sur des réactions ingénieuses, appelant à son aide l'action coagulatrice du tannin sur la gélatine, et tirant en même temps parti de ce réactif pour la conservation de la couche sensible, ce procédé a paru tout d'abord offrir de grandes garanties de succès. Cette prévision s'est réalisée dès les premiers jours de son apparition, et bientôt, accueilli en Angleterre avec une sorte d'enthousiasme, le procédé au tannin s'est trouvé, dans cette contrée du moins, employé pour les excursions photographiques, à l'exclusion de presque tous les autres procédés à sec.

(7)

Cependant le procédé de M. le major Russell était à peu près inconnu en France, lorsque le succès éprouvé par les praticiens anglais nous a engagé à en publier une traduction au mois de mars 1862. Il est mieux connu aujourd'hui, et plus d'un photographe français commence à l'apprécier à sa juste valeur.

De grands perfectionnements ont été apportés, depuis cette publication, au procédé par le tannin, et M. C. Russell a dû, il y a quelques mois, publier une deuxième édition de sa brochure.

C'est la traduction de cette deuxième édition que nous présentons aujourd'hui aux photographes; elle diffère complétement de l'édition première; la somme des matières qui s'y trouvent traitées a doublé; M. le major Russell y passe successivement en revue les diverses méthodes proposées dans le but de perfectionner le procédé au tannin; il rejette les unes, accepte les autres, y joint ses observations propres, et réunit le tout en un enseignement photographique remarquable.

Le procédé au tannin tel qu'il était décrit dans la première édition est aujourd'hui complétement modifié. M. le major Russell considère toujours comme utiles les couches préalables de gélatine ou de caoutchouc; mais il indique avec soin par quels procédés les opérateurs, auxquels répugnerait l'emploi de ces couches préalables, peuvent s'en dispenser. Les formules pour la composition du collodion sont entièrement différentes de ce qu'elles étaient autrefois; l'emploi des bromures en grande quantité, l'emploi même des

(8)

bromures seuls permet d'obtenir des résultats sur-
prénants; mais c'est surtout à la description des
méthodes de développement que M. Russell a donné
les soins les plus minutieux. Après avoir exposé
la méthode ordinaire de développement au nitrate
acide et à l'acide pyrogallique, il montre quels sont
les avantages des révélateurs alcalins, et il décrit,
dans les plus grands détails, la marche à suivre pour
le développement au carbonate d'ammoniaque; il in-
siste avec soin sur les modifications que le photographe réellement artiste doit faire subir à la composition des bains révélateurs suivant le caractère du
cliché qu'il veut obtenir. Ces considérations ne sont
pas la partie la moins importante de cet ouvrage.

Enfin M. Russell termine cette nouvelle édition par
une étude approfondie des modifications les plus récentes proposées pour le procédé au tannin, il montre
avec une remarquable impartialité quels sont les avantages et les inconvénients des unes et des autres.

Le procédé au tannin est aujourd'hui d'un emploi
presque exclusif en Angleterre pour l'obtention des
paysages; il commence à se populariser en France, et
nous espérons le voir bientôt jouir dans notre pays de
la même faveur. C'est un procédé commode, d'une
grande certitude et dont les manipulations ne présentent plus aucune difficulté, lorsque l'opérateur s'est
bien pénétré de l'esprit général qui se détache si nett-
tement des descriptions détaillées et minutieuses de
M. le major Russell.

Nous nous estimerons heureux si nous pouvons, par

cette publication, rendre quelque service à la Photographie, et contribuer à la vulgarisation d'une méthode qui permet au touriste, au savant, à l'artiste, à l'archéologue, de réserver pour l'atelier toutes les manipulations, et de ne s'occuper en campagne que de l'exposition et du choix des sujets.

AIMÉ GIRARD.

[illegible]
[illegible]
[illegible]
[illegible]
[illegible]

[illegible]

PRÉFACE DE L'AUTEUR

POUR LA SECONDE EDITION.

Depuis la publication ᴅe la première édition de ce livre, le procédé qui y était décrit a été grandement perfectionné. On peut maintenant se dispenser de l'emploi des couches de gélatine, obtenir une beaucoup plus grande sensibilité, et, ce qui est plus important encore, on peut produire des clichés de paysages d'une qualité bien supérieure.

Le procédé, tel que nous l'avions premièrement décrit, avait un défaut sérieux qui le rendait moins convenable pour le paysage que pour d'autres sortes de sujet ; mais le tannin présente, beaucoup l'ont reconnu, de grands avantages, et nous avons mis nos plus grands soins à corriger ce défaut et à perfectionner le procédé à tous les points de vue. Nous espérons qu'aujourd'hui son utilité sera plus généralement reconnue.

C'est à l'expérience d'autres opérateurs que nous devons l'idée première de la plupart des perfectionnements que nous avons adoptés.

La première édition a été soigneusement revue, en grande partie écrite à nouveau, et beaucoup de choses nouvelles y ont été ajoutées. Le perfectionnement le plus important qui s'y trouve décrit consiste peut-être dans l'emploi des bromures seuls, sans mélange avec des iodures. Noùs avons soumis au choix du photographe divers modes de traitement, et nous avons essayé et décrit dans cette seconde édition à peu près tous les procédés capables d'augmenter la sensibilité des glaces sèches, et toutes les modifications proposées au procédé au tannin.

INTRODUCTION

A LA PREMIÈRE ÉDITION.

L'auteur de cette brochure a, pendant les cinq dernières années, consacré beaucoup de temps et de
peines à la recherche d'un procédé de collodion sec
qui fût réellement bon. Après avoir essayé toutes les
méthodes qui, parmi celles publiées jusqu'à ce jour,
lui semblaient donner des espérances, il a reconnu que
si la plupart d'entre elles fournissent de bons résultats
lorsqu'elles sont pratiquées avec soin, il n'en est aucune qui soit entièrement satisfaisante.

Les défauts principaux des procédés conservateurs
sont : 1° une grande insensibilité que l'on ne peut
éviter qu'en laissant dans la couche une quantite
de nitrate d'argent incompatible avec une longue conservation pendant les saisons chaudes; 2° la difficulté
d'obtenir une sensibilité uniforme, par suite des variations que présente cette proportion de nitrate d'argent
libre; 3° une tendance de la couche à se maculer sous
l'influence des poussières qui viennent adhérer à sa
surface et y causer des taches. Outre les inconvénients
que chacun d'eux présente isolément, les procédés à
sec publiés jusqu'ici ont un défaut qui leur est com-
mun et qui réside en ceci, que leur succès dépend,
d'une manière exagérée, de l'état physique du collodion.

2

On ne saurait reprocher au procédé qui se trouve décrit dans les pages suivantes ni ce défaut, ni beaucoup d'autres inconvénients que présentent d'habitude les procédés à sec. Les expériences nécessaires pour déterminer avec précision la meilleure manière de l'exécuter ne sont pas encore complètes, surtout en ce qui regarde l'obtention de la plus grande sensibilité; cependant l'auteur espère que la description qu'il se propose d'en donner sera trouvée suffisante au point de vue pratique, et que les conclusions qu'il compte tirer de sa propre expérience ne pourront induire en erreur les photographes qui se proposent de l'expérimenter.

PROCÉDÉ AU TANNIN.

CHAPITRE PREMIER.

NETTOYAGE DES GLACES.

Dans le procédé au tannin, comme d'ailleurs dans tous les procédés à sec, on peut employer avec avantage un support à égoutter construit de la manière suivante : Prenez une planche mince, mesurant un peu plus de 3 pieds ($0^m,91$) de long sur 9 pouces ($0^m,22$) de large, et clouez verticalement, en son milieu, une autre planche de 16 pouces ($0^m,40$) de haut. Percez des trous verticaux sur les bords de la planche hori-

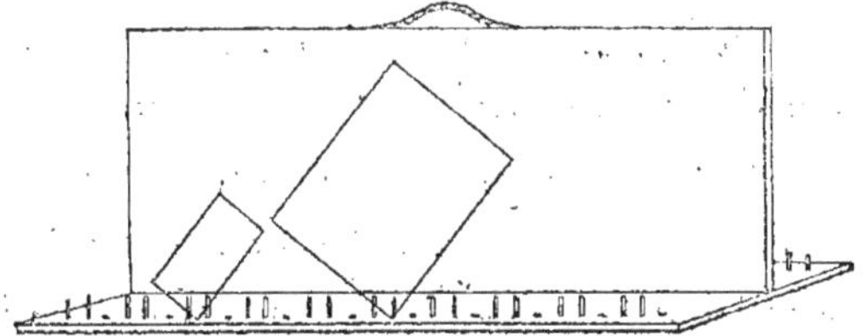

zontale, en les séparant l'un de l'autre par une distance de $1\frac{1}{2}$ pouce environ ($0^m,038$). Placez dans ces trous des chevilles de bois verticales de 2 pouces de longueur ($0^m, 05$) en les disposant par couples, à travers deux trous voisins, et à la distance qu'exigent les dimensions des glacés employées. Au milieu de la partie supérieure de la planche verticale, clouez une courroie de cuir destinée à servir de poignée. On peut donner à ce support telle dimension que l'on désire ; celui que l'on vient de décrire peut contenir de chaque côté dix glaces stéréoscopiques posées diagonalement sur leurs angles, et il est assez grand pour laisser égoutter dans la même position des glaces de 10×12 pouces ($0^m, 25 \times 0^m, 30$).

Si les glaces ont déjà servi, détachez la couche ancienne qui les recouvre en les immergeant pendant quelque temps dans une solution chaude de carbonate de soude (sel de soude du commerce). Il faut les enlever de ce liquide aussitôt que la couche devient facile à détacher ; sans cette précaution, la glace elle-même se trouverait attaquée. Découpez les bords de la couche soit avec un canif, soit avec l'ongle, et enlevez le reste en frottant avec les doigts ou avec une brosse dure. Placez ensuite les glaces dans une cuvette d'eau, et, après les avoir portées sous une pompe ou un robinet, lavez-les dans cette eau courante, en ayant soin d'enlever toutes les portions de la couche qui pourraient y adhérer encore. Posez alors chaque glace sur un de ses bords contre la partie verticale du support à égoutter, le sommet s'appuyant sur celui-ci et chacune d'elles étant séparée de la suivante par une distance de $\frac{1}{2}$ pouce (o^m,o12) environ. Lorsqu'une rangée est complète, placez-en une autre par-dessus, en ayant soin que le milieu de chaque glace corresponde à l'espace libre entre deux glaces de la première rangée, de telle sorte qu'un passage subsiste pour le dégagement de l'air humide. On peut faire égoutter de cette façon plusieurs douzaines de glaces à la fois sur les deux côtés du support. Portez celui-ci dans une chambre chaude, et placez-le devant le feu en inclinant une des extrémités de 6 pouces environ (o^m,15), afin de laisser l'eau s'écouler de l'extrémité inférieure des glaces. A moins que l'on n'ait besoin de faire un usage immédiat de ces glaces, il est inutile de les essuyer si la soude a été bien enlevée (1); s'il n'en a pas été ainsi, il est à craindre que, par l'action de cet agent, elles ne se trouvent altérées.

Quant aux glaces neuves, leurs bords doivent être dépolis, et, si l'on veut se dispenser de l'emploi de la gélatine ou de toute autre couche préparatoire, le dépoli doit s'étendre sur une certaine portion de la surface. Le moyen le plus convenable pour dépolir les

---

(1) L'auteur n'a jamais remarqué que le dépôt laissé sur les glaces par l'emploi de l'eau ordinaire eût quelque inconvénient, car, dans sa méthode, ce dépôt se trouve complétement et immédiatement enlevé par l'opération du nettoyage. Si l'eau employée laissait quelque résidu que ce nettoyage fût impuissant à faire disparaître, il faudrait alors essuyer les glaces.

glaces de cette façon consiste à prendre une lame forte de cuivre laminé, au milieu de laquelle on a soudé une bande du même métal, mince et mesurant environ $\frac{1}{16}$ de pouce ($1^{mm},5$) d'épaisseur ; on peut, de l'autre côté, attacher par des vis un morceau de bois qui permette de mieux tenir en main cet instrument. On fait un mélange de sable argentin, de mélasse et d'eau, on place près de l'arête de la glace une petite quantité de ce mélange, puis on frotte, en maintenant la bande mince contre le bord de la glace, de telle sorte que la face inférieure de la lame épaisse agisse sur la surface du verre qui se trouve ainsi dépoli. La glace est maintenue, de la main gauche, sur une planchette de bois ou tout autre support convenable, en ayant soin de laisser légèrement dépasser le bord que l'on dépolit ; si celui-ci dépassait trop, la glace risquerait de se briser. En opérant ainsi, l'on dépolit le bord ainsi qu'une bande mince de la glace sans avoir à craindre d'en arrondir l'arête. La mélasse est employée dans le but de rendre le lavage du magma plus facile. Si les glaces doivent être recouvertes de gélatine, il est préférable de ne dépolir que les bords, car le dépolissage empêche la solution gélatineuse de couler librement à la surface, et d'ailleurs il n'est point nécessaire, dans ce cas, pour rendre la couche adhérente. Il est bon d'arrondir très-légèrement les arêtes des glaces, afin de rendre plus facile leur enlèvement hors des cuvettes.

Une fois dépolies, les glaces doivent être lavées, débarrassées du sable, puis desséchées, ainsi qu'il a été exposé plus haut, avant d'être mises en contact les unes avec les autres. Lorsqu'elles sont sèches, on peut les empiler dans l'endroit où elles doivent être nettoyées. Tous les modes de nettoyage conviennent bien, pourvu qu'ils soient susceptibles de faire disparaître toutes traces de graisse et d'autres impuretés. La méthode qui va être décrite est aussi certaine et aussi peu ennuyeuse que pas une. Il faut avoir deux polissoirs que l'on construit de la manière suivante : Pour le premier, prenez une pièce de feutre épais, bien lavée à l'eau chaude et à la soude, puis enfin à l'eau seule, et, lorsqu'elle est sèche, collez-la à plat sur une planchette circulaire de 3 pouces ($0^m,075$) de diamètre environ. (Une solution de gomme laque dans la benzine ou de caoutchouc dans l'essence de térébenthine convient parfaitement dans ce but.) Lorsque cette opération est faite, on place l'appareil, le feutre en dessous, sur une surface plane et on le laisse plusieurs heures dans cette position, après l'avoir recouvert d'un poids ; les bords du feutre sont ensuite rognés. Mêlez dans une fiole une petite quantité de tripoli avec de l'eau, agitez et laissez reposer quelques minutes afin que les grains les plus gros se précipitent ; mouillez ensuite le feutre avec l'eau trouble qui les surnage, et faites sécher. Ce polissoir peut se conserver pendant des années sans qu'il y ait aucune réparation.

à y faire, pourvu qu'on le maintienne propre. L'autre polissoir s'obtient en clouant un morceau de velours de coton (nettoyé de la même manière que le feutre) sur les bords d'une planchette mesurant environ 4 pouces ($0^m,10$) de large et un peu plus longue que les glaces les plus grandes dont on doit faire usage. Les bords inférieurs de la planchette doivent être arrondis, et l'on a soin d'étaler à sa surface trois épaisseurs de flanelle commune avant d'y clouer le velours. Une courroie de toile ou de cuir clouée sur les bords en travers du dos de la planchette sert de poignée. Ce polissoir, comme le premier, peut durer très-longtemps ; il sert, en effet, jusqu'à ce que le poil en soit usé ; il n'exige aucun nettoyage, mais doit être brossé de temps en temps avec une brosse dure spécialement réservée à cet usage. On le conserve dans un endroit sec, le velours en dessous et appuyé sur une feuille de papier buvard.

Les liquides vendus pour le nettoyage des glaces contiennent souvent du rouge d'Angleterre et de l'acide nitrique ; ces deux substances sont toutes deux nuisibles : la première en effet est difficile à enlever, et il n'est pas rare de voir quelque trace d'acide nitrique rester dans une égratignure de la glace et causer en ce point du cliché une insensibilité locale. Les vieux collodions mélangés avec du tripoli conviennent fort bien ; plus ils sont vieux, meilleurs ils sont. Ils doivent être dilués avec un volume égal au leur d'alcool ordinaire ou mieux d'esprit-de-bois ; si leur coloration n'est pas déjà rouge, il faut leur ajouter de l'iode afin de les amener à la teinte du vin de Porto (1). Le mélange avec le tripoli doit être agité après sa préparation, puis abandonné au repos afin de laisser déposer les plus gros grains ; avant de l'employer, il faut l'agiter jusqu'à ce qu'il soit légèrement trouble. Choisissez une place où un léger courant d'air puisse entraîner la vapeur loin des yeux et les garantir contre la cuisson que cause cette vapeur.

Placez la glace à nettoyer sur une planchette à vis, frottez légèrement le dos avec un tampon de coton cardé et quelques gouttes du liquide servant au nettoyage, puis essuyez avec un morceau de toile ; retournez ensuite la glace, puis fixez-la de nouveau sur la planchette ; projetez l'haleine à la surface et frottez avec un tampon de coton ; versez quelques gouttes du mélange et frottez de nouveau. Lorsque, par un usage répété, les tampons de coton sont devenus assez durs pour que le liquide ne les mouille pas immédiatement, ils doivent être rejetés, sans cela la glace courrait risque d'être rayée. Essuyez avec un linge de toile les arêtes de la glace afin d'enlever les parties de liquide qui peuvent avoir glissé sous les bords et qui altéreraient le bain sensibilisateur ; placez ensuite la glace contre

---

(1) Si, par l'addition de l'esprit-de-bois, le liquide se décolorait, il faudrait y ajouter plus d'iode.

un flacon, dans une position presque verticale et s'appuyant sur une feuille de papier propre ; procédez de la même manière avec les autres glaces, à cette exception près que, sauf la première, elles n'ont besoin d'être traitées par le collodion que sur une de leurs faces. Si les glaces sont petites, une goutte ou deux suffisent pour chacune d'elles lorsqu'une fois le coton est mouillé. En nettoyant le dos légèrement, non-seulement on évite l'introduction des impuretés dans le bain d'argent, mais encore on évite une perte de liquide ; car, si la surface du verre est graisseuse, la solution s'y maintient en gouttes adhérentes au lieu de s'écouler librement. Prenez ensuite les glaces une à une, placez-les de nouveau dans la planchette à vis, la face en dessus, soufflez légèrement à la surface, et enlevez, par le polissage, le mélange de collodion, en manœuvrant le polissoir de feutre jusqu'à ce que la surface soit presque sèche ; l'emploi d'un second polissoir de même espèce rend la dessiccation plus rapide. En tout cas, cette opération n'exige que quelques secondes ; la glace reste alors presque pure et n'est plus recouverte que de quelques petites poussières de tripoli et de quelques traces du liquide qui sont restées dans les pores du verre (1). Pour enlever complétement la poussière, on reprend un tampon de coton et l'on achève au moyen

---

(1) *Voir*, à la fin du chapitre V, les remarques relatives à l'effet de l'iode et de l'iodure sur les taches d'argent.　　　(C. R.)

du polissoir de velours. Dans le cas où les glaces doivent être recouvertes d'une couche préalable de gélatine, il ne faut pas employer de polissoirs en cuir, car, si bien nettoyés qu'ils soient, ils laissent toujours sur le verre une trace de matière grasse qui repousse la solution de gélatine. Placez chaque glace, aussitôt qu'elle est terminée, dans une position verticale sur le support à égoutter, et, lorsque le nettoyage est fini, frottez le polissoir de velours avec la brosse afin d'en enlever la poussière.

CHAPITRE II.

EMPLOI DES COUCHES PRÉALABLES DE GÉLATINE OU DE CAOUTCHOUC.

La gélatine, simplement dissoute dans l'eau, constitue une solution qui reste toujours louche; les impuretés qui la troublent ne peuvent être enlevées par la filtration et ne tardent pas à obstruer les pores du papier. Si l'on recouvre une glace de cette solution laiteuse, la substance blanche apparaît après dessiccation comme une poussière fine adhérant à la surface de la gélatine; et, à moins qu'on ne l'enlève par une friction énergique, elle manifeste légèrement sa présence dans les parties transparentes des clichés. Cet inconvénient peut être entièrement évité de la manière suivante : Prenez 8 onces (250^{cc} environ) d'eau distillée, et faites-y gonfler 20 grains (1^{gr},294) de gélatine, en ayant soin d'ajouter 4 gouttes d'acide acétique cristallisable. Lorsque la matière est bien gonflée et transparente, dissolvez à l'aide de la chaleur. Si l'eau était chauffée avant que la gélatine ait eu le temps de se gonfler, la matière adhérerait au fond du vase à l'état glutineux et ne se dissoudrait plus qu'avec une grande difficulté.

D'un autre côté, dissolvez 3 grains (0^{gr},193) d'iodure de cadmium, 3 grains (0^{gr},193) de bromure de
cadmium et une parcelle d'iode dans quelques gouttes
d'eau, et ajoutez le tout à la solution précédente;
filtrez alors deux ou trois fois à travers du papier
blanc (1), et dans un lieu chaud. L'acide acétique
coagule certaines impuretés blanchâtres qui se déposent en filaments et qui, séparées par le filtre, laissent passer une solution claire et limpide. Cette solution se conserve bien sans alcool; il vaut même mieux
ne pas ajouter de ce liquide, car il tend à rider la surface de gélatine, surtout s'il a été employé en grande
proportion.

Une solution de gélatine faite à cette concentration
n'a presque pas besoin d'être chauffée pour fournir
un bon résultat, pourvu que la température de la
pièce ne soit pas inférieure à 60 degrés (Fahrenheit),
c'est-à-dire à $15°,5$ centigrades; dans presque tous
les cas, en adoptant le procédé de développement que
nous recommandons aujourd'hui, on verra réussir
l'emploi de cette solution ; mais lorsque le collodion
est très-épais, elle ne convient plus, parce qu'alors
elle favorise le soulèvement de la couche pendant le
développement; cet accident se produit fatalement dans

---

(1) Le papier gris épais renferme certaines impuretés nuisibles, et,
par suite, ne doit pas être employé. Il est capable même de produire
des taches au coin inférieur des glaces que l'on fait égoutter en les
appuyant à sa surface.

ce cas, mais il ne se manifeste pas avec la même gravité, lorsqu'on opère sur des glaces simples, sans couches préalables, avec du collodion de cette nature. Si l'on veut néanmoins employer la gélatine, dans de semblables conditions, il faut donner à la solution une force double, en prenant seulement la moitié de la quantité d'eau pour dissoudre la même proportion des autres substances. On obtient ainsi, et sans beaucoup de peine, la plus grande adhérence possible.

Certes la concentration de la solution gélatineuse doit être proportionnée à la force du collodion, mais cependant on peut admettre une grande marge, si bien que toute solution renfermant de 2 à 5 grains (0^{gr}, 129 à 0^{gr}, 323) par once (31^{cc}, 09) convient dans la majorité des cas. Lorsque la quantité de gélatine est insuffisante, l'effet produit est une adhérence imparfaite ; si elle est trop considérable, au contraire, la couche devient bleuâtre, l'insensibilité est générale, et le cliché manque de vigueur par suite de la pénétration de la gélatine dans la surface du collodion. Si cette pénétration est inégale, il en résulte des marques d'insensibilité locale (1). A la gélatine on peut substituer la colle de poisson, mais il faut alors diminuer à peu près les doses de moitié ; cependant il ne paraît pas que l'emploi de cette sub-

---

(1) L'auteur n'a rencontré de semblables inconvénients que lorsqu'il a élevé les doses à 10 grains (0^{gr}, 647) de gélatine ou 5 grains (0^{gr}, 324) de colle de poisson par once (31^{cc}, 09).   (C. R.)

stance communique à la couche une adhérence aussi
forte sur la glace. La colle de poisson pourrait cependant convenir peut-être mieux que la gélatine dans les
temps très-chauds, car elle résiste plus que celle-ci à la
dissolution sous l'influence d'une température élevée.

S'il se trouve dans l'atelier un foyer allumé, exposez en face de celui-ci le support à égoutter, en
le plaçant, pour des raisons qui n'ont pas besoin
d'être développées, sur une chaise plutôt que sur le
plancher. Les glaces doivent être toutes disposées du
côté qui regarde le feu et à une distance de celui-ci
telle, qu'elles acquièrent une température un peu supérieure à celle de la main.

Quelle que soit la marche suivie pour l'étente de
la gélatine, les glaces doivent être chauffées après le
nettoyage, à moins qu'on ne les abandonne pendant
quelque temps isolément à la dessiccation; sans cette
précaution, des traces de liquide restent dans les pores
du verre, repoussent plus tard la solution de gélatine et viennent former, après dessiccation, des taches
circulaires. Chauffez la gélatine en plaçant la bouteille, qui doit être mince, à côté du garde-feu, ou,
pour aller plus vite, en la trempant dans l'eau chaude,
et prenant bien soin de n'en point faire plonger
la partie vide, ce qui pourrait amener sa rupture.
Prenez un petit gobelet cylindrique en verre (les
meilleurs sont ceux dont les bords sont évasés) et
un entonnoir en verre. Le bec de l'entonnoir doit

être, si cela est nécessaire, raccourci, en l'entaillant avec une lime, et le brisant à une longueur telle, que son extrémité se trouve presque au contact du fond du gobelet lorsque sa partie conique s'appuie sur les rebords de celui-ci. La partie brisée doit être doucie sur une meule, afin d'éviter que ses arêtes vives ne viennent rayer la glace.

Découpez un morceau d'éponge neuve à grain fin, en lui donnant la forme d'un tronc de cône, dont la base la plus large doit être tournée en haut. Immergez-la dans l'eau, puis lavez-la soigneusement sous un courant d'eau, de manière à enlever les plus petites parcelles de matières étrangères; enfoncez ce tronc de cône dans le bec de l'entonnoir, de façon telle qu'il le ferme presque hermétiquement. Versez alors dans cet entonnoir une quantité de solution gélatineuse assez considérable pour que son niveau dans le gobelet dépasse la face supérieure de l'éponge que renferme l'entonnoir : la filtration aura lieu rapidement dans ces conditions. On peut aussi employer du papier à filtre très-poreux. Dans ce cas, le second pli du filtre doit former un angle obtus, et celui-ci doit être placé dans l'entonnoir, de telle sorte que sa pointe s'appuie contre la paroi, au lieu de se trouver au milieu ; en adoptant cette disposition, le liquide coule plus aisément, sans tomber goutte à goutte et sans former de bulles.

Si l'on a soin d'appuyer un peu contre le fond de

l'entonnoir la partie pliée du filtre, alors que celui-ci

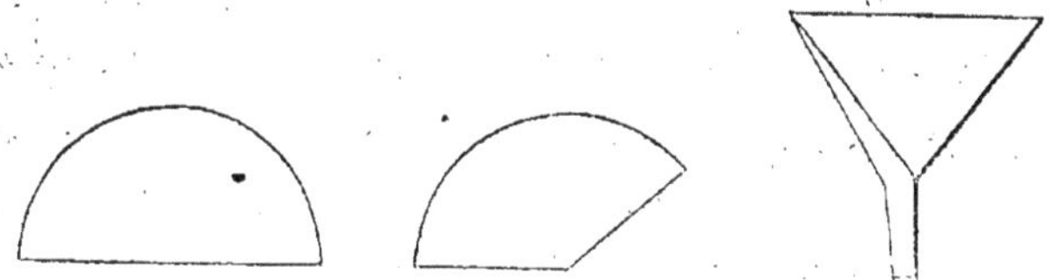

renferme déjà une certaine quantité de liquide, on est sûr de le voir ensuite rester dans cette position (1).

La gélatine doit être filtrée deux ou trois fois, afin de la bien débarrasser des petites fibres de papier que le liquide a pu arracher de la surface du filtre. Ces filtrations répétées enlèvent l'iode que la solution renfermait primitivement, aussi est-il bon d'en placer un petit fragment sur l'éponge ou dans le filtre, lorsque le liquide paraît décoloré.

Prenez une glace avec la ventouse, frottez-la avec le polissoir de velours; puis, en y laissant toujours la ventouse attachée, établissez-la sur un pied à caler. Si la glace est grande, la ventouse devra se trouver au milieu; si, au contraire, on opère sur glace stéréoscopique, elle devra être disposée près de l'un des bords. Lorsque la place le permettra, et si le pied à

____

(1) Cette manière de faire ne saurait être adoptée que dans le cas où l'opération a lieu sur une petite échelle, sans cela, le poids du liquide ferait bientôt crever le filtre. La quantité de ce liquide que peut porter sans inconvénients un filtre en papier ne dépasse pas une à deux onces ($31^{cc}, 10$ à $62^{cc}, 20$).

3.

caler est de dimension suffisante [c'est-à-dire s'il y a
entre les vis des angles une distance de $6\frac{1}{4}$ pouces environ (0^{m}, 156)], la glace devra reposer d'une part sur

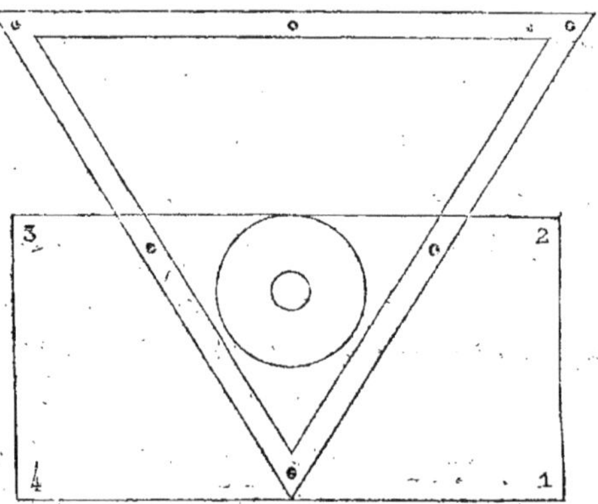

Glace stéréoscopique placée sur le pied à caler et portant encore sa ventouse.

deux des vis placées au milieu des côtés du triangle,
d'une autre sur celle que porte l'angle le plus rap-
proché de l'opérateur. Prenez l'entonnoir de la main
gauche et tenez-le presque au contact de la surface
de la glace, dans le coin n° 1 ; de la main droite,
versez par ce même coin la solution que renferme le
gobelet, en touchant presque la surface avec le rebord
de celui-ci, de manière à éviter les bulles, jusqu'à ce
que le quart de la glace soit recouvert ; replacez alors
l'entonnoir dans le gobelet, et tenez le tout de la main
gauche sous le coin n° 4 ; cela fait, prenez la ventouse
de la main droite, et soulevez la portion de la glace
déjà recouverte, de façon que le liquide s'écoule vers

la gauche, en ayant soin de l'incliner d'un côté sur l'autre, pour que le bord de la couche liquide reste convexe en son milieu, jusqu'à ce que la glace soit couverte entièrement : laissez alors écouler par le coin n° 4 l'excédant que vous recevez dans l'entonnoir. Avec un peu d'habitude, cette opération est presque aussi facile que l'étente du collodion, car la solution glisse aisément sur les glaces lorsqu'elles ont été nettoyées avec les soins indiqués ci-dessus.

Si l'on rencontrait au premier abord quelques difficultés, on pourrait étendre la gélatine avec une baguette de verre recourbée à l'une de ses extrémités, que l'on garderait sous la main dans un verre propre, ou s'aider simplement avec le bec de l'entonnoir. Il vaut mieux cependant ne pas se servir de baguette en verre, car la poussière peut s'y attacher, s'introduire par là dans la solution et maculer la glace. Si cet accident se produisait, il faudrait une deuxième fois recouvrir la glace. Mettez alors la glace à égoutter par le coin n° 3 entre deux chevilles du support, du côté opposé au feu, en prenant soin qu'elle soit bien assujettie entre les deux chevilles et maintenue solidement. Entre ces deux chevilles, on a dû préalablement disposer du papier buvard pour absorber le liquide ; un morceau de 2 pouces carrés ($0^m,05$) replié trois fois par moitié, de manière à avoir huit épaisseurs, suffit pour une glace stéréoscopique. Si les glaces étaient mises à égoutter du côté du feu, il se formerait près des deux bords inférieurs une ligne épaisse comme celles que produisent en séchant sur les bords les vernis négatifs ; cette ligne se retrouverait sur les épreuves, mais elle ne se produit pas, ou du moins elle est fort insignifiante, lorsqu'on abandonne à la dessiccation spontanée une solution de gélatine ne contenant pas d'alcool ; la gélatine iodurée laisse une trace légèrement sensible à une distance des bords inférieurs égale à un quart de pouce environ. Si l'on expose à la chambre noire une glace présentant une marque de cette nature, on retrouve, à la partie inférieure, près des parties les plus élevées du ciel, une bande d'une intensité légèrement supérieure à celle des autres parties, mais sans lignes durement arrêtées. Si, au contraire, la marque se trouve dans les terrains du premier plan, elle ne laisse aucune trace visible.

Procédez de la même façon avec les autres glaces : si elles sont légèrement chaudes, la gélatine reste suffisamment fluide ; si elles le sont trop, la solution devient limpide, ne coule pas régulièrement, sèche trop rapidement sur les bords et fournit sur la glace une couche trop mince. La consistance la meilleure est celle du collodion ioduré.

Un des côtés du support à égoutter se trouvera rempli de glaces gélatinées bien avant que les premières aient eu le temps de sécher ; aussi, si l'on en veut préparer un nombre plus grand qu'il ne peut en porter, faut-il les faire sécher ailleurs. Quand on en-

lève les glaces pour les gélatiner, il faut d'abord débarrasser le côté du support où elles se trouvent, et
quand, une fois gélatinées, elles paraissent sèches,
sauf le coin inférieur, on les reporte, face au feu, sur
le côté que l'on avait préalablement débarrassé. Lorsque les glaces non recouvertes ont été toutes enlevées,
du support, celles qui portent déjà la gélatine sont
dressées le long du support de la manière qui a été
décrite après le lavage, et là elles achèvent leur dessiccation sous l'influence de la chaleur.

Cette méthode convient parfaitement lorsqu'on peut
trouver près du feu une place suffisamment à l'abri
de la poussière. Les glaces étant mises à égoutter avec
la face en dessous ne sont que difficilement altérées;
mais il faut toujours prendre soin que la poussière, et
surtout celle des cendres, ne vienne au contact de leur
surface, tant qu'elle est humide et à quelque moment
que ce soit de leur préparation. Lorsqu'elles sont sèches, la présence de la poussière n'a que peu d'importance, car il est facile de la faire disparaître. Si l'on
désire employer la gélatine de cette manière dans une
chambre froide et sans feu, on peut improviser en
quelques minutes, et de la manière suivante, un appareil de chauffe : Dans le couvercle d'un pot de phar-
macie renfermant un peu d'eau, placez une veilleuse; de chaque côté de la lumière élevez un morceau
de bois dont la hauteur dépasse de $\frac{1}{2}$ pouce environ ($0^m,012$) le sommet de la flamme. Découpez un

morceau de fer-blanc avec une vieille paire de ci-
seaux (toute espèce de fer-blanc convient parfaitement); ce morceau doit être assez long pour aller de
l'un à l'autre des morceaux de bois et un peu plus
large que le verre qui contient la solution de gélatine.
Si le fer-blanc n'est pas assez rigide, on peut lui com-
muniquer de la solidité en en contournant les bords;
cette dernière précaution a en outre l'avantage d'empêcher le verre de glisser. Chauffez la solution pour
commencer, puis, après avoir gélatiné chaque glace,
placez le gobelet sur le fer-blanc qui recouvre la
veilleuse pendant le temps que vous portez cette glace
à sécher et que vous en reprenez une autre; de cette
manière la solution reste suffisamment fluide.

Si on le préfère, on peut verser la gélatine exactement de la même manière et avec la même facilité
que le collodion, sans pied à caler, et en employant
deux gobelets, dont l'un porte l'entonnoir, tandis que
l'autre sert à verser la solution sur la glace.

On peut, lorsque les glaces sont à peu près froides,
les prendre au moyen d'une ventouse, et les exposer
un instant au-dessus d'un vase ouvert rempli d'eau
chaude. La vapeur qui se condense sur le verre rend
plus facile l'étente du liquide que l'on doit y verser
immédiatement, en portant le vase qui le contient au-
dessus du milieu de la glace, et le faisant mouvoir
d'une extrémité à l'autre; en inclinant ensuite la
glace d'un coin à l'autre, on la recouvre complète-

ment. Si quelque partie cependant ne se trouvait pas recouverte, il faudrait la toucher avec le rebord du vase; cette opération faite, le liquide excédant est déversé dans l'entonnoir placé sur l'autre vase et débarrassé ainsi de la poussière qui a pu s'y déposer. On peut, si cela est nécessaire pour maintenir la gélatine bien fluide, plonger dans l'eau chaude le fond du flacon qui la renferme.

En ajoutant plus d'acide acétique, la gélatine peut être étendue à froid sans qu'il soit nécessaire d'employer aucun chauffage artificiel. On réussit très-bien de cette manière en employant 1 drachme (3^{cc},88) d'acide acétique cristallisable, ou une proportion équivalente d'acide plus faible, pour 7 drachmes (27^{cc},16) d'eau et 5 grains (0^{gr},320) de gélatine; mais, dans ce cas, les glaces doivent être employées tout à fait froides, sinon la solution deviendrait trop limpide. Cette méthode n'est pas aussi certaine que la précédente; mais elle réussit très-bien si les glaces sont soumises pendant quelque temps à une légère chaleur pour achever la dessiccation. L'acide acétique ne transforme pas la gélatine en métagélatine, comme le font d'autres acides, mais il agit comme un dissolvant, et, par suite de sa volatilité, la chaleur le fait aisément disparaître. Cet acide, s'il n'était pas enlevé de cette façon, causerait la dissolution de la gélatine pendant la sensibilisation et le lavage.

L'emploi préalable de la gélatine est particulièrement applicable au procédé que nous décrivons, car la solution de tannin, en se concentrant par la dessiccation, rend la gélatine insoluble en partie, sinon en totalité, de telle sorte qu'elle adhère à la glace avec une grande force, et ne peut plus être enlevée par les lavages, à moins que l'on ne mette quelque liquide fortement alcalin ou chaud au contact de la couche. La pratique fera reconnaître que les opérations avec la gélatine sont certaines et faciles, si on suit les prescriptions ci-dessus. Une minute suffit pour recouvrir et mettre à égoutter plus d'une glace, et jamais on n'aperçoit de taches sur la couche, à moins que la poussière ne vienne la maculer pendant que l'on étend la dissolution, ou que la glace est mise à égoutter.

Les glaces couvertes de gélatine iodurée se conservent bien, sans qu'il soit nécessaire de prendre contre l'humidité des précautions extraordinaires. Si l'on en a préparé une grande quantité, on les paquette toutes ensemble, la face en dessous (à l'exception de la première, qui doit avoir la face en dessus), en plaçant à l'extrémité de chacune d'elles une bande de papier buvard pliée en soufflet, de telle sorte qu'entre deux glaces successives se trouve inséré un pli de papier, en commençant par la première et remontant ensuite. Les glaces préparées peuvent alors être empilées dans une boîte.

En cet état, elles n'ont rien à craindre des insectes;

on peut aussi les placer simplement dans des boîtes à
rainures. Les glaces couvertes de gélatine non iodurée, à moins qu'elles ne soient conservées dans un
état de siccité absolue, sont souvent attaquées par des
moisissures qui produisent ensuite, pendant le développement, des taches rondes et noires sur les
épreuves.

On reconnaîtra, en pratique, qu'il est bien plus
facile d'obtenir des clichés parfaitement nets avec la
gélatine que sans l'emploi de cette substance; la
couche ainsi produite a, en outre, l'avantage de
masquer les petites raies et les défauts du verre,
sans parler de celui qu'elle possède de rendre le
succès indépendant de la constitution physique du
collodion.

Si l'on doit préparer à la fois un grand nombre de
glaces, le surcroît de temps et de peine qu'exige leur
gélatinisation devient insignifiant; en effet, si les
glaces ne doivent pas recevoir la couche préalable de
gélatine, il faut les nettoyer avec beaucoup plus de
soin, et, en outre, il faut, le plus souvent, en vernir
les bords avant de les soumettre au développement.

La gélatine ne paraît pas altérer le bain d'argent en
usage dans ce procédé; sans doute elle ne l'attaquerait
pas non plus, ou, du moins, elle ne l'attaquerait qu'à
la longue, dans les autres procédés où tout le nitrate
d'argent est enlevé par le lavage : un bain dans lequel

des glaces gélatinées avaient été sensibilisées pendant des mois, produisait, au bout de ce temps, des clichés aussi brillants et aussi vigoureux que s'il avait été récemment préparé, quoique aucune précaution particulière n'ait été prise, et qu'on n'ait pas même nettoyé le dos des glaces pour en enlever la gélatine. Ce bain était même si peu altéré, qu'il donnait des clichés brillants et vigoureux par le procédé humide avec un collodion renfermant de grandes quantités de bromure ; les plaques sensibilisées dans ce bain n'avaient aucune tendance à se voiler et résistaient remarquablement bien à la solarisation. Cependant, après un an d'usage, il commençait à donner sur les glaces au tannin un leger voile ; mais, pour lui rendre ses qualités primitives, il a suffi de le neutraliser et de le faire bouillir. Ce bain était acide ; un bain neutre résiste mieux à l'altération, car son action dissolvante est moindre vis-à-vis de la gélatine, et, par suite, il se charge moins en matière organique.

Si cependant on désirait préparer des glaces pour ce procédé dans un bain pour collodion humide, sans altérer celui-ci, et se procurer en même temps les avantages de la couche de gélatine, on suivrait une marche que nous donnerons dans le chapitre final et qui, grâce à un petit surcroît de travail, permet de réaliser les mêmes conditions et même d'obtenir une plus grande adhérence.

A la place de la gélatine, on peut employer une solution légère de caoutchouc (1). Dans 1 once ($31^{cc},10$) de benzine, immergez pendant vingt-quatre heures, ou plus, si vous le voulez, 1 grain ($0^{gr},0647$) de caoutchouc découpé en lames minces, puis passez à travers un filtre en papier lâche, placé dans un entonnoir en verre. Celui-ci, dont les bords ont dû être usés à la meule, doit aussi être recouvert d'une plaque de verre ; de cette façon on évite, jusqu'à un certain point, l'éva-poration. La filtration sera, sans doute, d'abord dif-ficile à cause de l'état gélatineux sous lequel une por-tion du caoutchouc sera restée indissoute ; aussi, après la première filtration, faudra-t-il en faire une ou deux nouvelles sur de nouveau papier ; la solution passera alors aussi rapidement que de l'eau. Placez devant le feu, et sur le support à égoutter, les glaces que vous devez recouvrir jusqu'à ce qu'elles soient chaudes et sèches, puis retournez le support. Lorsque ces glaces

---

(1) Les différents échantillons de caoutchouc du commerce varient beaucoup sous le rapport de leur solubilité. Dans la plupart des cas, ils laissent dissoudre une quantité suffisante de matière, mais on doit rechercher surtout les échantillons bien solubles ; plus le caout-chouc est blanc et opaque, lorsqu'il est fraîchement coupé, moins il est soluble. On peut, surtout lorsque le caoutchouc est peu soluble, en employer une quantité plus grande que celle indiquée ci-dessus ; mais si la solution est trop épaisse, il en résultera des craquements du collodion pendant la dessiccation à chaud ; si elle l'est beaucoup trop, un semblable accident se produira même pendant la dessicca-tion spontanée.

seront refroidies, prenez-en une avec la ventouse et recouvrez-la de solution de caoutchouc de la même façon que vous emploieriez pour la couvrir de collodion. Quand l'excès de solution aura été versé dans le flacon, mais avant que la glace ait cessé d'égoutter, séchez-la, d'abord en la présentant verticalement à une certaine distance du feu, puis en la plaçant sur le côté du support qui regarde le foyer ; enlevez alors la ventouse, déposez-la sur le côté du support que le feu n'échauffe point, puis prenez une autre glace avec une autre ventouse. En opérant ainsi alternativement avec deux ventouses, vous évitez l'inconvénient qu'amènerait l'emploi de ces instruments quand ils sont échauffés, inconvénient qui se traduit par la difficulté qu'éprouve la solution à couler librement sur la glace.

La surface de caoutchouc ne peut pas toujours devenir brillante par la dessiccation, à moins qu'on n'achève cette opération à l'aide de la chaleur ; mais si on suit la marche que nous venons d'indiquer, elle devient aussi brillante que du verre. Cependant cette marche présente un danger ; on peut craindre que des cendres s'échappant du foyer ne viennent souiller la surface humide ; aussi vaut-il mieux quelquefois opérer sans feu. La marche suivante paraît donc préférable.

Concassez aussi finement que possible quelques fragments d'ambre de bonne qualité (par exemple des débris de bouts de pipes) en les enveloppant de papier fort, et les frappant à coups de marteau (1) ; introduisez alors 2 grains ($0^{gr},129$) de caoutchouc, 1 grain ($0^{gr},0647$) d'ambre, et environ 3 drachmes ($11^{cc},64$) de chloroforme dans un flacon de 2 onces ($62^{cc},20$) (le chloroforme méthylé suffit pour cette opération) ; laissez le tout en contact pendant un jour ou deux, en agitant de temps en temps ; remplissez ensuite le flacon de benzine, laissez encore un jour en contact, puis filtrez. Cette solution se dessèche en un vernis brillant, sans qu'il soit besoin de chauffer. L'adhérence que produisent l'une et l'autre de ces deux méthodes ne vaut pas celle que donne la gélatine ; mais elle est en général suffisante, et l'on prépare ainsi plus facilement des glaces dont l'emploi peut avoir lieu immédiatement.

Si l'on a besoin d'une très-grande adhérence, on peut l'obtenir en recouvrant la glace d'abord de gélatine, puis de l'une ou de l'autre de ces deux solutions de caoutchouc ; cette méthode a, en outre, l'avantage d'empêcher la gélatine de se laisser pénétrer par le collodion, lorsque celui-ci est poreux, et de diminuer

---

(1) Après avoir concassé l'ambre, on peut le réduire en poudre fine dans un mortier en le mouillant légèrement pour éviter la projection des fragments ; la solution est alors plus facile, mais, d'une part, l'opération de la pulvérisation est ennuyeuse, et, d'autre part, l'extrême division des portions d'ambre insoluble gêne la filtration. On peut préparer plus aisément la solution en étendant de benzine des quantités convenables de pâte de caoutchouc et de vernis à l'ambre.

les chances d'altération du bain. La gélatine, quand
on l'emploie dans ces conditions, doit contenir de
l'acide acétique, mais ne renfermer ni iodure ni bromure; aussitôt qu'elle est entièrement sèche, il faut la
recouvrir de caoutchouc, sans quoi elle deviendrait
laiteuse. On peut employer ou bien une gélatine fraîchement préparée, ou bien une gélatine renfermant
1 drachme (3^{cc},88) d'alcool par once (31^{cc},10). Toute
décomposition de cette solution se révèle par l'odeur
et par la mobilité qu'elle acquiert alors; il faut, quand
cet accident se produit, rejeter le liquide.

Le collodion ne coule pas aussi aisément sur une
couche de caoutchouc que sur une glace ou une couche
de gélatine; cependant on peut améliorer grandement,
à ce point de vue, les couches de caoutchouc, en les
frottant avec un polissoir de velours ne servant qu'à
cet usage; en effet, la plus petite trace de tripoli suf-
firait pour ternir la couche. La gélatine, qui est beaucoup plus dure, exige moins de précaution; cependant,
si la dessiccation de la couche n'est pas complète, on
voit souvent celle-ci s'érailler au contact des polissoirs qui ont précédemment été employés à achever,
avec le tripoli, le nettoyage des glaces.

L'emploi des couches préalables n'est pas absolument nécessaire; car, en suivant la méthode que nous
allons maintenant décrire, il n'est guère de collodion
qui ne puisse réussir, alors même qu'on na pas re-
cours à leur emploi : mais celui-ci présente des avan-

tages, car il permet d'opérer sur des couches plus épaisses et avec moins de précautions. Si l'on ne se sert pas de couches préalables, il faut, ainsi que nous l'avons déjà dit, dépolir légèrement les bords des glaces. Quant à la sensibilité et au caractère de l'épreuve, ils ne paraissent pas sensiblement modifiés par l'emploi de la gélatine ou du caoutchouc, lorsque les opérations sont bien conduites.

CHAPITRE III.

COLLODIONNAGE, SENSIBILISATION ET LAVAGE.

Il n'est guère de collodions qui, employés convenablement, ne donnent de bons résultats avec le tannin ;
peu importe qu'ils soient neufs et cornés, ou vieux et
pulvérulents. Lors même qu'ils sont ou trop vieux ou
trop récents pour servir dans le procédé humide, ils
conviennent encore dans le procédé qui nous occupe.
Cependant on trouve certaines différences dans le caractère des épreuves ; ces différences ne sont pas aussi
marquées que celles qui se manifestent dans le procédé
humide, mais celles relatives à la sensibilité sont très-
prononcées. Les collodions récents sont les plus sensibles ; entre les mains de l'auteur, ils donnent des
clichés d'un ton rouge et d'une vigueur parfaite. D'un
autre côté, les collodions vieux et à structure pulvérulente, même si l'emploi du cadmium les a laissés inco-
lores, donnent, outre qu'ils sont très-insensibles, des
images d'un gris pâle, qui ne peuvent, au développement, atteindre une richesse de tons et une vigueur
suffisantes ; après le vernissage, la couche est molle et
susceptible de s'altérer, tandis que celle produite par

un collodion neuf et corné ne le cède en dureté et en solidité qu'à l'albumine.

L'opacité de la couche est moins nécessaire dans ce procédé que dans certains autres dans lesquels la solarisation est plus à redouter ; mais en général on doit considérer cette opacité comme utile dans tous les procédés, et surtout les procédés à sec, pour la réussite des paysages ou autres sujets présentant des oppositions vives. Quand, par suite d'un mauvais collodionnage, il s'est produit près des bords de la glace une bande d'une opacité plus forte que le reste, on n'aperçoit, après le développement et le fixage, aucune différence si cette bande se trouve dans le terrain, mais si elle se rencontre dans le ciel, sa présence se manifeste par une plus grande intensité. Il en résulte évidemment que l'opacité permet de donner une pose plus longue aux parties peu éclairées du sujet, sans qu'on ait à craindre de voir le ciel se solariser. En outre les couches de collodion acquièrent toujours de la transparence en séchant, et par suite il faut donner à celles qui doivent être exposées à sec une opacité plus grande que celle dont ont besoin les couches sur lesquelles on doit opérer à l'état humide. On peut obtenir cette opacité, d'abord en dissolvant dans le collodion autant de pyroxyline qu'il peut en supporter sans marcher mal, et ensuite en employant de grandes proportions de bromure et d'iodure qui restent dans la couche. On comprend donc que le degré d'opacité

dépend en grande partie : 1° de la couche préalable ;
2° de la concentration du bain sensibilisateur.

On peut employer un collodion simplement ioduré,
mais la présence des bromures augmente considérablement la sensibilité. Tout collodion sensible et donnant
de bons résultats avec le procédé humide peut, pourvu
qu'il ne contienne pas d'iodure de potassium, être
adapté au procédé au tannin de la manière suivante :

Si le collodion n'est pas ioduré, à chaque once
(31^{cc},09) de la solution iodurante (1), ajoutez
3 drachmes (11^{cc},64) d'alcool d'une densité $= 0,805$.
Si le collodion est déjà ioduré, dissolvez 10 grains
(0^{gr},647) de bromure de cadmium dans 6 drachmes
(23^{cc},28) de collodion simple, et mélangez ensuite
3 parties de ce collodion bromuré avec 8 parties de
collodion ioduré.

Si, en ajoutant une aussi grande quantité de bromure, on reconnaît que le collodion est trop long à déposer, ainsi que cela se produit avec certaines variétés,
il est convenable d'en ajouter une moindre proportion.

Le collodion positif exige moins de bromure, car
il en renferme habituellement une certaine proportion ; mais il n'est pas important que l'iodure et le bro-

---

(1) Si le collodion contient de l'iodure de potassium, ce que l'on
reconnaît au précipité qui se forme par l'addition du bromure de
cadmium, il vaut mieux préparer une solution iodurante nouvelle,
d'après la formule qui sera donnée plus tard.

mure soient dans une proportion exacte. L'addition du bromure de cadmium au collodion ioduré par l'iodure de potassium produit, par double décomposition, de l'iodure de cadmium et du bromure de potassium ; le premier nuit à la fluidité du collodion, et le dernier, étant à peu près insoluble dans l'alcool, se précipite presque entièrement. Si cependant, par suite de la présence de l'iodure de potassium, un trouble se manifestait au moment de l'addition du bromure, il vaudrait mieux dissoudre parties égales de bromure d'ammonium et de bromure de cadmium dans la plus petite quantité possible d'alcool ($D = 0,816$) et ajouter cette solution peu à peu, jusqu'à ce que le trouble se produise. En opérant ainsi, la fluidité et la stabilité du collodion ne sont pas sensiblement modifiées ; et lorsqu'il s'est éclairci par le repos, il a conservé encore assez de bromure pour que sa qualité se soit grandement améliorée ; mais comme la proportion de bromure s'y trouve, en fin de compte, très-faible, on ne saurait s'attendre à voir un semblable collodion très-sensible.

S'il restait quelques doutes sur les bons effets que produit une aussi grande proportion de bromure, il serait facile de les faire disparaître par l'expérience suivante. Préparez neuf échantillons différents du même collodion, en les composant de telle sorte que le premier ne renferme que de l'iodure, le second un mélange de 1 partie de bromure pour 8 d'iodure, et ainsi de suite, en augmentant chaque fois la propor-

(48)

tion de bromure de $\frac{1}{8}$, jusqu'à ce que le dernier échantillon contienne des proportions égales de bromure et d'iodure. En expérimentant ensuite chacun de ces échantillons de collodion sur des glaces préservées au tannin, vous reconnaîtrez que la sensibilité, plus grande déjà par l'addition de $\frac{1}{8}$ de bromure, va constamment en augmentant jusqu'à ce que le collodion renferme 3 parties de bromure pour 8 d'iodure ; à partir de ce moment, l'augmentation de sensibilité produite par l'addition de chaque huitième de bromure cesse d'être aussi marquée. Entre un collodion renfermant 1 partie de bromure pour 2 d'iodure et un collodion renfermant parties égales de ces deux corps, il ne semble pas y avoir une bien grande différence ; cependant la sensibilité continue à augmenter légèrement à chaque addition de bromure, et, d'après quelques récentes expériences, il paraîtrait que le plus sensible de tous les collodions est celui qui ne renferme que du bromure seul ; mais alors ce collodion demande à être traité d'une manière spéciale, et, en se tenant dans les conditions ordinaires, il ne semble pas qu'il y ait avantage à dépasser la proportion de 3 parties de bromure pour 5 d'iodure.

L'addition d'une proportion nouvelle de bromure à un collodion qui en renferme une proportion égale à la quantité d'iodure qu'il contient ne semble pas diminuer l'intensité ; mais alors la tendance à la formation de voiles augmente pour un temps de pose donné :

(49)

c'est peut-être là, cependant, l'effet d'une sensibilité
excessive. La présence d'une proportion trop grande
de bromure est de nature à empêcher certains collodions de faire prise ; d'autre part, il faut alors laisser
très-longtemps la glace dans le bain de nitrate, et il
tend à se former, dans ce cas, sur la couche, de petits
cristaux d'iodure, quand même le bain ne renferme
pas un excès de ce corps.

Le bromure d'argent donne avec le collodion une
combinaison plus transparente que celle fournie dans
la même circonstance par l'iodure. Si l'on ne veut
rien perdre de l'opacité habituelle de la couche, il faut
employer des poids d'iodure et de bromure dont la
somme soit supérieure au poids d'iodure ordinairement employé, lorsqu'on fait usage seulement de ce
sel. Les différences que présentent au point de vue de
la richesse en brome et en iode les différents bromures
et iodures, de même que les qualités diverses de la pyroxyline, n'ont qu'une très-faible influence sur les proportions de bromure qu'il faut employer pour obtenir
un travail régulier.

Certaines variétés de collodion ont, lorsqu'on les
emploie sans couche préalable de gélatine, et qu'on a
fait usage d'une solution très-faible de tannin, l'inconvénient de se fendiller dans les parties épaisses
pendant la dessiccation. On peut éviter cet inconvénient en ajoutant, à chaque once de collodion ioduré,
1 demi-grain ($0^{gr},0324$) de résine ordinaire. Cette

résine n'a, du reste, guère d'influence sur les autres résultats, et c'est suivant le caractère spécial du collodion qu'elle peut constituer un avantage ou un désavantage ; avec certains échantillons, elle paraît légèrement avantageuse quand la solution de tannin est faible, désavantageuse quand celle-ci est concentrée.

On peut encore éviter cet inconvénient en peignant les glaces, très-légèrement sur les bords, avec une solution de gélatine formée de 2 ½ grains (o^{gr},161) par once (31^{cc},09), et les séchant avant de les couvrir de caoutchouc, ou de les collodionner ; si les glaces ont été chauffées d'avance, cette peinture à la gélatine sèche aussitôt qu'on l'applique. De cette façon, les bords de la couche restent adhérents pendant le développement. Dans le cas où l'on redouterait l'effet de la gélatine sur le bain, il faudrait traiter de la même manière la couche sensibilisée et lavée, en choisissant le moment où la dessiccation est juste suffisante pour qu'on n'ait pas à craindre les bavures de la gélatine : celle-ci doit, dans ce dernier cas, n'être pas iodurée ; il en serait de même pour le caoutchouc.

Les collodions qui fournissent des couches dures et cornées fonctionnent bien avec le tannin ; mais ceux qui donnent des couches légèrement poreuses sont plus sensibles. On obtient une texture poreuse en employant de la pyroxyline préparée à une température assez élevée, mais il semble préférable de produire le même effet en immergeant complétement la poudre coton dans de l'eau modérément chauffée : la sensibilité est alors ainsi plus grande, la pyroxyline est plus soluble et le collodion s'éclaircit plus rapidement par le repos.

Nous devons à M. Glover, de Liverpool, l'excellente formule que nous donnons ci-dessous pour la préparation d'une pyroxyline convenant à ce procédé.

« Préparez le coton en le faisant bouillir dans une solution à 5 pour 100 de potasse perlasse ; débarrassez-le complétement de l'alcali par le lavage, séchez-le d'une manière parfaite, puis préparez le mélange suivant :

Acide sulfurique (D = 1,845).. 5 onces (155^{cc},50)
Acide azotique (D = 1,370) (1). 2 $\frac{1}{2}$ onces (77^{cc},75)
Eau...................... 1 drachme (3^{cc},88)

» Lorsque la température a atteint 145 degrés Fahrenheit (63 degrés centigrades), immergez-y 2 $\frac{1}{2}$ drachmes (9^{gr},700) de coton par petites touffes pesant environ 30 grains (0^{gr},194) chacune, en ayant soin que chaque touffe se pénètre bien d'acide. Couvrez et laissez en contact pendant dix minutes; enlevez en-

---

(1) Il faut étendre l'acide nitrique du commerce s'il est trop concentré, ou le concentrer au moyen d'acide fumant s'il est trop étendu, jusqu'à ce qu'il atteigne cette densité, qui correspond à 60 degrés de l'aréomètre. M. Glover trouve cette manière de faire préférable à l'addition de l'eau aux acides déjà mélangés.

suite le coton au moyen de deux spatules de verre en le pressant de manière à le débarrasser d'acide le plus possible, puis projetez-le dans un grand vase rempli d'eau, en le divisant de manière à diluer promptement l'acide. Changez l'eau six fois, de cinq en cinq minutes, en pressant bien le coton chaque fois et donnant toute attention à ce travail ; car j'ai reconnu que plus le lavage était rapide, plus le produit était soluble. Dans la dernière eau ajoutez 10 grains (0^{gr},647) de bicarbonate de soude, qui neutralise les dernières traces d'acide, sans attaquer la pyroxyline. Rincez et séchez rapidement. »

La qualité de la pyroxyline dépend de la nature du coton employé, du soin apporté au lavage, de la disparition plus ou moins complète de l'alcali autant que de la concentration, de la température et de la pureté des acides. La pyroxyline doit être franchement désagrégée ; mais le meilleur caractère de sa valeur réside dans le poids qu'elle possède lorsqu'elle est parfaitement sèche ; ce poids et, par suite, sa qualité dépendent de la quantité d'eau ajoutée aux acides ; plus cette quantité est importante, plus le poids du produit est faible. M. Glover emploie du coton d'Égypte ; le meilleur coton d'Amérique, traité de la même manière, donne un poids plus fort et une pyroxyline moins désagrégée ; dans ce cas le collodion est moins sensible.

La pyroxyline ainsi préparée est très-soluble ; elle donne un collodion très-stable et très-sensible. Ce collodion coule aisément sur les glaces, même lorsque, par

(53)

un usage prolongé, il a perdu la majeure portion de
son éther. Il adhère fortement, et, par suite, convient
fort bien pour opérer sans couche préalable ; mais il
ne fait pas prise rapidement, aussi faut-il éviter de
l'additionner d'une trop grande quantité d'iodure alcalin, et faut-il même éviter complétement les bromures alcalins. S'il doit être conservé longtemps après
son ioduration, il vaut mieux lui incorporer exclusivement de l'iodure et du bromure de cadmium ; dans
ce cas, il faut habituellement, pour le faire réussir
avec un bain neutre, l'additionner d'une trace d'iode
libre suffisante pour lui donner une teinte de citron.
Mais si le collodion doit être employé peu de temps
après son ioduration, si surtout la pyroxyline est d'une
nature différente et fournit des couches cornées et qui
prennent rapidement, on peut augmenter la proportion d'iodure alcalin ; on obtient ainsi une plus grande
fluidité. Quand on emploie beaucoup de bromure, il
faut préférer le bromure de cadmium à celui d'ammonium, car non-seulement ce dernier est difficilement
soluble dans l'alcool concentré, mais encore il retarde
beaucoup la prise du collodion.

COLLODION NORMAL.

Pyroxyline. . . . .   6 grains (0^{gr},388)
Éther. . . . .   4 drachmes (15^{cc},52)
Alcool (D $=$ 0,805). . . . .   2 drachmes (7^{cc},76)

5.

SOLUTION POUR IODURER.

Iodure de cadmium.......... $13\frac{1}{2}$ grains ($0^{gr},873$)
Iodure d'ammonium (1)...... 4 grains ($0^{gr},258$)
Bromure de cadmium......... $10\frac{1}{2}$ grains ($0^{gr},719$)
Alcool ($D = 0,805$).......... 1 once ($31^{re},10$)

Si l'alcool possède réellement la densité indiquée dans la première formule, ce qui est rare, on peut employer, pour la solution iodurante, un liquide un peu plus faible ($D = 0,810$), mais il ne faut étendre l'alcool que quand on a soigneusement vérifié et trouvé supérieure à ce chiffre la densité du produit acheté.

On mêle ensuite ensemble trois parties de collodion normal et une partie de la solution pour iodurer.

Ce collodion marche bien avec un bain à 40 ou

---

(1) L'iodure d'ammonium qu'on trouve dans le commerce à l'état amorphe, vaut mieux que celui qui se présente en cristaux durs; le premier est, il est vrai, moins stable, mais il est beaucoup plus soluble dans l'alcool. On peut employer la méthode suivante pour conserver cet iodure instable et déliquescent : Prenez une cloche de verre ordinaire, rodez-en les bords en les usant avec du sable et de l'eau sur une pierre plate, étendez un corps gras sur l'ouverture que vous avez doucie de cette manière, puis posez la cloche sur un verre dépoli. Sous la cloche, vous devrez avoir placé votre iodure dans un vase ouvert sur lequel vous placerez un autre vase rempli de chaux vive. En recouvrant le vase à iodure d'une feuille de papier à filtre, il n'y a pas à craindre d'y voir tomber quelques fragments de chaux, et l'on peut ainsi conserver, pendant un temps indéfini, l'iodure d'ammonium à l'état sec et à peine coloré.

5o grains (2^{gr},588 à 3^{gr}, 235) par once (31^{cc},10).
Si la sensibilisation a lieu dans un bain plus faible, la
proportion d'iodure et de bromure paraît supérieure à
celle que la couche peut supporter. Dans ce cas il faut
ajouter à la solution iodurante un peu plus d'alcool.
Si le collodion paraît trop épais pour de grandes glaces, on peut, après l'avoir ioduré, l'étendre avec un
peu d'éther et d'alcool.

Les collodions bromo-iodurés fournissent de bons
résultats, mais on doit fortement recommander les
collodions simplement bromurés, comme étant, dans
beaucoup de cas, préférables aux premiers; ceux-ci
sont environ deux fois plus sensibles que ceux-là ; ils
semblent d'ailleurs, en pratique, ne posséder aucune
tendance à la production de ces cristaux aiguillés qui
se forment si communément lorsque le bain de nitrate
renferme de l'iodure. Par-dessus tout, les collodions
bromurés donnent des clichés supérieurs à tous autres, lorsque les sujets à reproduire présentent de
grands contrastes, par exemple des ciels avec d'autres
parties foncées; ils supportent, en effet, beaucoup
mieux qu'aucun autre la solarisation et n'ont aucune
tendance à donner des auréoles sur les bords des parties fortement éclairées du sujet.

Les collodions bromurés semblent avoir une apti-
tude spéciale à marcher en présence du tannin. Dans
un grand nombre d'expériences faites avec plusieurs
sortes de collodions, en employant différents modes

d'opérer, on n'a jamais vu les collodions bromo-iodurés atteindre la rapidité que donnent les collodions
bromurés, lors même que le collodion simple employé
à la préparation de ceux-ci se trouvait d'une nature
moins sensible. En face d'un paysage, avec une pose
calculée convenablement pour les parties les moins
éclairées, les collodions bromurés donnent toujours
des clichés d'une qualité supérieure.

Deux précautions sont nécessaires lorsqu'on emploie le bromure seul. D'abord, il ne faut pas faire
usage d'un collodion trop long à se solidifier sur la
glace; il est probable qu'à ce point de vue tous les
échantillons convenables pour le procédé humide con-
viendraient également; en second lieu, il faut employer un bain de nitrate concentré, et y laisser la
glace assez longtemps.

Il est plus facile de préparer une pyroxyline convenable pour le procédé au bromure que d'en faire une
qui marche bien avec l'iodure; dans le premier cas,
en effet, la proportion à dissoudre n'a pas besoin d'être
déterminée avec autant d'exactitude que dans le second. En outre, la sensibilité du bromure ne semble
pas être, autant que celle de l'iodure, affectée par l'état
physique du collodion.

Un grand nombre d'expériences ont été faites dans
le but de déterminer la nature de pyroxyline la plus
convenable dans le procédé au bromure. On en obtient
une variété qui marche bien, mais qui donne souvent

un collodion peu sensible, en opérant avec 3 parties d'acide sulfurique pour 1 partie d'acide nitrique. Lorsqu'on emploie parties égales d'acide sulfurique et d'acide nitrique, le collodion coule bien sur la glace et est très-sensible, mais il est trop long à prendre de la consistance. C'est en mélangeant 2 parties d'acide sulfurique et 1 partie d'acide nitrique qu'on semble obtenir les meilleurs résultats. La formule ci-dessus donne un collodion qui ne se solidifie pas assez vite; mais, en la modifiant de la manière suivante, on obtient des résultats au moins égaux à ceux que fournit n'importe quel procédé.

Faites bouillir, pendant deux heures, un quart de livre (120 grammes environ) d'excellent coton d'Amérique dans un gallon (4 litres environ) d'eau, à laquelle vous aurez ajouté, d'après la recommandation d'Hardwich, 2 onces (62^{gr}, 20) de potasse caustique; lavez ensuite soigneusement en soumettant alternativement la matière à l'action d'un filet d'eau et à une pression énergique entre les doigts. En opérant ainsi, on enlève la potasse plus rapidement que par l'immersion dans l'eau. Si le lavage ne subit aucun temps d'arrêt, vingt minutes environ suffisent pour qu'il soit mené à bonne fin. Séchez complétement, puis immergez dans les acides portés à la température de 125 degrés Fahrenheit (51 degrés centigrades), et laissez le coton y séjourner pendant vingt minutes; lavez ensuite par la méthode que vous avez employée pour la potasse. Au bout d'un

quart d'heure chassez, autant que possible, par la pression l'eau contenue entre les fibres, puis immergez
dans une solution très-faible de bicarbonate ; enfin,
lavez encore une fois en suivant la méthode ci-dessus.

Cette pyroxyline est très-soluble et donne un collodion limpide qui, au bout de très-peu de temps, est
prêt à être employé ; s'il renferme des impuretés, elles
se déposent très-vite ; il reste très-propre pendant le
développement, mais il n'est pas très-fluide. Si ce collodion ne paraît pas couler assez facilement sur la
glace, on peut le mélanger avec d'autres préparés d'a-
près la formule de M. Glover. Il est plus facile de déterminer exactement de cette façon la qualité du collodion en faisant varier les proportions, que de
préparer un échantillon de pyroxyline qui, du premier coup, possède les qualités que l'on recherche ;
cependant, si on le préfère, on peut opérer en portant
les acides à une température un peu plus élevée, soit
135 ou 140 degrés Fahrenheit (57 à 60 degrés centigrades), et en ne prolongeant l'immersion que pendant
quinze minutes.

COLLODION BROMURÉ.

Pyroxyline.............. 5 grains (0^{gr},323)
Bromure de cadmium.... 8 grains (0^{gr},509)
Alcool (D = 0,805)..... 4 drachmes (15^{cc},52)
Éther................ 4 drachmes (15^{cc},52)

Placez le tout dans un flacon long et étroit, agitez

jusqu'à ce que la solution de la pyroxyline et du bromure soit complète, laissez reposer jusqu'à ce que la
liqueur soit claire, puis décantez. Si l'alcool est plus
étendu, ou si la pyroxyline est de nature à donner un
collodion qui ne prenne de la consistance que lentement, il faut ajouter une plus grande proportion d'é-
ther.

Il n'y a pas à craindre que le bromure se dépose
comme le ferait l'iodure, lors même qu'on en aurait
employé une quantité supérieure à celle indiquée ci-
dessus ; mais si le collodion n'est pas convenable, s'il
ne prend pas une bonne consistance, on observe dans
le sens suivant lequel le liquide s'est écoulé des marques
d'inégale épaisseur, qui sont visibles par transparence,
quoique, après dessiccation, la surface paraisse assez
nette.

L'addition de quelques gouttes d'une solution alcoolique et concentrée de brome paraît être un perfectionnement, mais cette addition ne saurait avoir lieu
qu'avec un collodion capable de former couche rapidement, car le brome, beaucoup plus que les bromures, s'oppose à la prise du collodion. La coloration
rouge donnée par le brome au collodion disparaît peu
à peu, mais celui-ci conserve une réaction acide.

Le collodion bromuré doit être sensibilisé dans un
bain d'argent à 60 grains (3^{gr}, 882) par once (31^{cc}, 09),
et chaque glace doit rester dans ce bain quinze minutes environ. Si l'on suit la formule précédemment

donnée, la couche prend un aspect extrêmement lai-
teux. On peut rendre le collodion plus fluide, en lui
ajoutant de l'éther et de l'alcool; on peut alors le sensibiliser dans un bain plus faible et l'y laisser moins
longtemps.

Recouvert d'une solution faible de tannin, et développé à la manière ordinaire avec un mélange de nitrate d'argent et d'acide, *le collodion bromuré est
beaucoup plus sensible que le collodion bromo-ioduré*
et donne de meilleurs résultats que celui-ci; mais le
premier se développe plus lentement que le second, et
il est plus difficile de donner aux clichés la même intensité. Avec le révélateur alcalin dont nous donnerons plus tard la description, le collodion bromuré se
développe très-vite, et atteint aisément une intensité
suffisante lorsqu'on emploie une solution de tannin
assez concentrée.

Les proportions d'alcool et d'éther n'ont pas, dans
ce procédé, une grande importance; cependant si l'on
désire une couche sensible et adhérente sans emploi
de gélatine, il faut employer juste la quantité nécessaire pour rendre la surface parfaitement uniforme et
pas davantage. Plus il y a d'eau, plus la proportion
d'éther doit être forte pour obtenir de bons résultats.
Cette proportion dépend aussi de la qualité de la pyroxyline; elle doit, dans tous les cas, être suffisante
pour rendre la surface lisse et la laisser exempte de
mouchetures d'inégale épaisseur.

Presque tous les bains de nitrate conviennent, pourvu qu'ils soient neutres et purs, légèrement acides et que leur concentration ne soit pas inférieure à 3o grains (1^{gr},920) par once (31^{cc},09) dans le cas d'un collodion faible. Un bain neutre et impur ou alcalin ne saurait convenir : il causerait des voiles et empêcherait les demi-teintes de se développer. On peut donc dire qu'un bain neutre ou légèrement acide donne plus de sensibilité qu'un bain alcalin ; cependant son acidité ne doit pas dépasser ce qui est nécessaire pour rendre l'épreuve nette, car alors la sensibilité diminuerait considérablement. La méthode suivante fournit un bain aussi bon qu'on puisse le désirer pour ce procédé : Faites dissoudre, et saturez d'iodure et de bromure, à la manière ordinaire, un bain formé de 4o à 6o grains (2^{gr},56o à 3^{gr},882) de nitrate d'argent par once (31^{cc},09) d'eau. Lorsque l'on opère avec un collodion bromuré, le bain doit être saturé par du bromure seul. Si la solution n'est nullement acide, on lui donnera une acidité perceptible au moyen d'une trace d'acide nitrique, puis on y ajoutera un peu de bicarbonate de soude ou de carbonate d'argent (1), jusqu'à ce que liquide reste franche-

---

(1) On obtient aisément le carbonate d'argent en précipitant une solution de nitrate d'argent par le bicarbonate de soude. Cette solution doit être concentrée, sans quoi le carbonate se dépose lentement et on en perd beaucoup par les lavages, à moins qu'on n'opère

ment trouble, et enfin on le filtrera. Dans cet état, le bain pourra être légèrement acidifié par l'acide acétique ou citrique; mais des expériences récentes nous ont démontré qu'il pouvait être employé à l'état neutre, et que l'on obtenait même ainsi une sensibilité plus grande (1). A l'état de neutralité, le bain, ainsi que nous l'avons fait observer déjà, possède l'avantage de n'avoir que peu d'action dissolvante sur la gélatine, et de se conserver longtemps, parce qu'il ne se charge pas en matière organique. Si l'on a besoin d'une certaine acidité, on peut l'obtenir en ajoutant une trace d'iode libre au collodion, lorsque celui-ci renferme des iodures. Afin d'éviter l'accumulation de l'acide dans le bain, il est bon de ne verser celui-ci dans son flacon qu'en lui faisant traverser un filtre renfermant du carbonate d'argent. Le même filtre peut servir longtemps.

La marche suivante est fort bonne pour l'aména-

---

ceux-ci sur un filtre. Pour les vieux bains contenant beaucoup d'iodure d'argent, le carbonate d'argent est préférable au bicarbonate de soude, car celui-ci agit sur le nitrate du bain, affaiblit celui-ci, et, par suite, l'amène à l'état de bain surchargé d'iodure.

(1) A moins que, ainsi que nous l'avons dit, il ne soit impur. Un bain longtemps employé à l'état acide ne réussit pas si on le neutralise pour le faire rentrer immédiatement en travail. Il faut l'additionner de quelques gouttes d'ammoniaque, et l'exposer quelques jours dans un flacon blanc aux rayons solaires, ou le faire bouillir pour précipiter les matières organiques. On le filtre ensuite, puis on l'acidifie et on le neutralise à nouveau, comme il est dit ci-dessus.

gement du bain : préparez-en une grande quantité; mettez-en à part le volume nécessaire pour remplir votre cuvette, et employez exclusivement ce volume en le filtrant chaque fois, comme ci-dessus, jusqu'à ce qu'il ne marche plus; arrivé à ce point, rejetez-le dans un flacon spécial. Dans notre dernier chapitre, nous indiquerons à quel signe on reconnaît ses altérations et comment on peut le revivifier.

On peut encore maintenir le bain en bon état en conservant la solution dans la partie obscure de l'atelier et laissant au fond du flacon une quantité de carbonate d'argent suffisante pour y former un dépôt de $\frac{1}{4}$ de pouce environ d'épaisseur. Si ce flacon renferme une quantité de liquide beaucoup plus grande que celle que l'on doit employer, il est facile d'avoir un bain clair par simple décantation et sans qu'il soit nécessaire de filtrer. Dans tous les cas, il faut ajouter au bain décanté ou filtré une petite quantité d'acide nitrique. Pour cela, on prend une partie d'acide $(D = 1,36)$ que l'on étend de deux parties d'eau; une goutte de cette solution suffit pour 10 aussi bien que pour 30 onces (310 à 930 centimètres cubes) du bain. La quantité exacte d'acide nitrique dépend évidemment d'une foule de circonstances. Cette manière d'opérer paraît meilleure que celle qui consiste à ajouter un peu d'iode au collodion bromuré; du reste, elle réussit très-bien. Si l'on a additionné le bain d'une petite proportion de brome, on obtient le même résultat, mais avec

une petite perte de sensibilité; il n'est plus nécessaire, dans ce cas, d'ajouter de l'acide. Le bain, se
trouvant ainsi neutralisé après chaque sensibilisation,
se débarrasse aisément des matières organiques qui
peuvent s'y être dissoutes, et il suffit d'une très-petite
trace d'acide pour lui faire produire des clichés très-
limpides, car son acidification est toujours récente.

Le degré de sensibilité qu'on peut obtenir, dans ce
procédé comme dans tout autre, tient surtout aux
petites quantités d'acide qu'il suffit d'ajouter au bain
pour éviter les voiles. Lorsque le bain est acidulé
d'une manière permanente, l'accumulation des matières organiques force à augmenter constamment la
proportion d'acide. Un bain traité de la façon que nous
venons d'indiquer donne au contraire le plus haut
degré de sensibilité que l'on puisse espérer, et, si on
l'emploie avec un collodion bromuré, il ne devient
hors d'usage que lorsqu'il a absorbé une trop grande
quantité d'alcool. Il est bon d'ajouter à ce bain, chaque
fois qu'il est sur le point d'être employé, une petite
quantité de solution fraîche de nitrate préparée à la
même concentration. Cette quantité doit être sensiblement égale à celle qui a disparu par le fait de la
dernière sensibilisation à laquelle le bain a servi. En
plaçant entre le bouchon et le col du flacon un petit
morceau de papier mince, on garantit le collodion
contre la poussière, tout en laissant un orifice suffi-
sant à l'évaporation de l'éther, de la plus grande partie

de l'alcool, et au dégagement de l'acide carbonique produit par l'action de l'acide nitrique sur le carbonate d'argent.

Un bain concentré vaut mieux qu'un bain faible, car il permet d'employer un collodion épais et fortement ioduré ou bromuré, et d'obtenir ainsi une couche bien opaque; en tout cas, il économise le temps en opérant une sensibilisation plus rapide.

Les glaces doivent être recouvertes de collodion et sensibilisées à la manière ordinaire et lavées d'abord dans l'eau distillée, et ensuite dans l'eau commune. La marche suivante est très-convenable pour ces opérations. Remplissez deux cuvettes verticales d'eau distillée, versez de l'eau commune dans une ou plusieurs cuvettes horizontales en gutta-percha et disposez le tout près du bain de nitrate. Prenez une glace avec une ventouse, frottez-la avec le polissoir de velours, pour enlever les petites particules de poussière qui peuvent y adhérer, en vous plaçant dans une position telle, que le léger courant d'air qui existe dans toute pièce entraîne ces poussières loin de l'endroit où ont lieu les opérations. Il vaut mieux employer, à la place des flacons habituellement en usage pour verser le collodion, des fioles mesurant 1, 2 ou 3 onces, suivant la dimension des glaces; le bouchon, en effet, en conserve l'orifice beaucoup plus propre qu'un bouchon à l'émeri et empêche la production de fragments secs ou à demi-secs de collodion. Enlevez le bouchon et nettoyez le bord avant de verser; il vaut mieux ne pas l'essuyer lorsqu'on opère successivement sur un certain nombre de glaces, mais il faut alors verser toujours chaque fois par le même point. Le flacon doit être conservé presque plein en ajoutant du produit d'un autre flacon; grâce à cette précaution, on peut ne tenir aucun compte du dépôt précipité au fond du liquide. Le collodion du second flacon doit être moins épais et contenir plus d'éther (suivant la grandeur des glaces) de manière à permettre l'évaporation et à conserver le produit toujours dans le même état. Couvrez à la manière ordinaire, en faisant, de préférence, écouler l'excès par le coin sur lequel la glace a reposé pendant l'égouttage, de telle sorte que la plus grande épaisseur de collodion corresponde à la plus grande épaisseur de gélatine.

S'il s'est formé des lignes le long des bords inférieurs de la glace, elles se trouvent ainsi recouvertes par les bords épais du collodion.

Aussitôt que le collodion a cessé de couler, enlevez la ventouse en ayant soin de maintenir toujours à la partie inférieure le côté qui s'y trouvait lors de l'écoulement du liquide, et de l'incliner sous un angle considérable contre le bord du support à caler ou dans toute autre place convenable, pour éviter que la portion épaisse ne retourne en arrière. Pour reconnaître si cette portion est assez sèche, touchez-la avec le doigt, dont elle devra, dans ce cas, prendre exactement l'empreinte. Lorsqu'on a employé la gélatine, la couche ne doit pas être plus sèche que si l'on opérait sur le collodion humide. Si la glace n'était pas vivement séparée de la ventouse, on verrait se former sur la couche sensible un cercle d'une plus grande transparence au point où elle se trouvait attachée. Cet effet est dû à la différence de température et il se produit très-rapidement lorsque le verre est mince.

Quand la couche est suffisamment sèche, immergez-la dans le bain et donnez à la glace un mouvement latéral circulaire pendant quelques secondes pour éviter les stries dans la direction de l'immersion et pour hâter la sensibilisation. Prenez, pendant ce temps, une autre glace avec la ventouse, frottez-la comme ci-dessus et laissez-la à terre jusqu'à ce que vous en ayez besoin. Lorsque la glace est restée assez longtemps dans le bain, soulevez-la, puis plongez-la une douzaine de fois afin de faire disparaître les lignes huileuses; nettoyez encore une ou deux fois l'autre glace avec le polissoir de velours, collodionnez et laissez reposer comme précédemment. Sortez alors la glace du bain, laissez égoutter par le coin inférieur pendant quelques secondes, puis placez-la dans le premier bain d'eau distillée. Cette opération exige d'habitude environ autant de temps qu'il en faut pour laisser sécher la glace suivante : touchez le bord épais de celle-ci pour voir si elle est prête, puis immergez-la dans le bain.

Si la température est trop élevée, on ne peut employer, pour les opérations précédentes, un collodion à dessiccation rapide, car alors la couche devient trop sèche et l'on reconnaît ce défaut, après la sensibilisation, à la transparence des parties supérieures sur lesquelles a été versé le collodion. Dans ce cas, il faut enlever du bain la première glace avant que la seconde soit couverte ; mais, généralement, la méthode ci-dessus réussit dans la pratique et elle économise beaucoup de temps. Lorsque la seconde glace est dans le bain, on enlève la première de l'eau distillée n° 1 et on l'immerge dans l'eau distillée n° 2.

Continuez toute la préparation de la même manière, c'est-à-dire : après avoir immergé chaque glace dans le bain sensibilisateur, prenez la suivante et frottez-en la surface ; d'un autre côté, faites mouvoir quelques instants dans l'eau distillée les glaces qui s'y trouvent, plongez ensuite dans l'eau commune la glace qui est dans le n° 2 en soulevant le bord de la cuvette pour faire couler l'eau à sa surface. Enlevez la glace du n° 1 pour la plonger dans le n° 2 qui se trouve vide ; agitez une dizaine de fois celle qui se trouve dans le bain d'argent, puis collodionnez la suivante, et ainsi de suite, jusqu'à ce que toutes les glaces préparées se trouvent dans l'eau ordinaire où elles peuvent rester plusieurs heures sans accident. Lorsque toutes les glaces sont couvertes, essuyez soigneusement le col et les bords du flacon à collodion afin d'empêcher les portions desséchées de tomber sur les glaces, lors de la prochaine préparation.

L'eau distillée n'a pas besoin d'être changée avant qu'un grand nombre de glaces y aient été lavées ; le second bain est alors substitué au premier ; celui-ci est rejeté et la cuvette remplie d'eau distillée fraîche. On peut, avec avantage, employer un plus grand nombre de cuvettes, la dernière peut alors contenir de l'eau capable de précipiter le nitrate d'argent. Si l'on n'a pas sous la main de cuvettes verticales, on peut se contenter de cuvettes horizontales, et si elles sont assez larges pour contenir plusieurs glaces, on peut en remplir la première cuvette avant de les plonger dans la seconde. Lorsque la dernière est remplie, on immerge les glaces de la même manière dans l'eau ordinaire. Le lavage dans l'eau distillée est nécessaire lorsque l'eau est dure, afin d'éviter la décomposition violente du nitrate d'argent en présence des sels que renferme cette eau et, par suite, la précipitation et l'adhérence sur la couche de sels d'argent insolubles.

La série de ces opérations peut être conduite pendant que les glaces se sensibilisent dans le bain, et si l'on est toujours prêt à y plonger une glace aussitôt que la précédente est complétement sensibilisée, il n'y a pas de temps perdu. En une heure, ou même en un temps moindre, si le bain est concentré, on peut, de cette façon, sensibiliser et laver douze glaces. Les glaces destinées aux procédés à sec, quels qu'ils soient, ont besoin de rester plus longtemps dans le bain sensibilisateur que celles employées au procédé humide ; dans ce dernier cas, en effet, l'action du nitrate, si elle n'est pas complète pendant le temps de l'immersion, se continue après l'enlèvement de la glace, sur laquelle reste toujours la solution.

En outre, le collodion qui ne renferme que du bromure exige plus de temps pour sa sensibilisation que s'il renfermait également de l'iodure (1), de même la gélatine iodurée nécessite un séjour plus long dans le bain d'argent. Si, par ces causes, le temps de la sensibilisation est supérieur à celui qu'exigent les autres opérations lorsqu'on emploie des glaces sans couche préalable, on peut consacrer le temps que chaque glace reste dans le bain au nettoyage de la glace suivante. Mais si l'on a fait usage d'une couche préalable, la marche la meilleure consiste à employer deux cuvettes à immersion, et à plonger une glace dans l'une et dans l'autre. En enlevant alternativement la glace sensibilisée de chacune, et en plongeant tout de suite une nouvelle, on pourra, sans perte de temps, donner à chaque glace une sensibilisation deux fois plus longue que si l'on avait employé un bain unique. Lorsque le collodion ne renferme que du bromure, il faut em-

---

(1) C'est sans doute par suite de cette cause et du développement plus facile de l'iodure que la sensibilité plus grande du bromure à sec n'avait pas encore été reconnue.

ployer deux ou trois bains ; chaque fois qu'on plonge une glace dans l'un d'eux, on remue légèrement les autres, mais en se gardant bien de les sortir trop tôt du nitrate.

Il est très-important que les glaces soient complétement sensibilisées ; sans cela, en effet, non-seulement leur insensibilité sera générale, mais encore elles se couvriront de taches, de mouchetures, de marbrures ; les lignes en seront confuses, exactement de la même façon que sur une feuille de papier albuminé dont la sensibilisation a été incomplète.

Les glaces ne doivent pas rester moins d'une demi-heure dans l'eau commune ; quelquefois, lorsque le collodion est épais et de texture serrée, le séjour doit être plus long, surtout si l'eau est exempte d'impuretés. Si l'eau est d'une pureté assez grande pour ne pas précipiter le nitrate d'argent, elle peut être employée pour le premier et le second lavage à la place d'eau distillée, et l'on ajoute un peu de sel à l'eau destinée à opérer le troisième.

Les glaces peuvent être, si on le désire, plongées dans une solution concentrée de sel marin, sans qu'aucune modification appréciable se produise dans leur qualité, pourvu qu'on ait soin d'enlever entièrement le sel. Cependant ce moyen ne réalise aucune économie de temps : au contraire, il faut, pour enlever le sel, des lavages plus longs que pour le nitrate d'argent ; car les eaux dures n'agissent sur le premier que d'une manière mécanique, tandis qu'elles attaquent le second par une réaction chimique. La plus petite trace de chlorure de sodium laissée dans la couche diminue considérablement la vigueur et l'intensité de l'épreuve (1).

Au bout du temps nécessaire pour immerger six glaces dans l'eau commune, la première qui y a été plongée est prête à être recouverte de tannin ; mais, si l'on doit en préparer une ou deux douzaines, il est plus convenable de terminer une opération avant de commencer l'autre ; de cette façon d'ailleurs on est plus sûr d'éviter la présence du nitrate d'argent, dont la présence cause des taches. Il est bon de recouvrir les cuvettes contenant de l'eau ordinaire avec de larges couvercles en gutta-percha, pour mettre les glaces sensibles à l'abri de la lumière et des poussières qui pourraient s'y déposer pendant le lavage.

---

(1) Au point de vue théorique, il paraîtrait meilleur d'immerger les glaces dans un bain d'eau distillée ou bouillie et additionné d'un peu de sel, avant de les passer à l'eau ordinaire ; celui-ci, en effet, semble devoir agir ensuite en précipitant du carbonate d'argent et altérant, par suite, les qualités conservatrices de la glace. Cependant nous n'avons vu aucune altération se produire de ce fait ; du reste, cet inconvénient, qu'il se manifeste ou non, doit dépendre exclusivement de la nature et de la quantité des sels étrangers dont l'eau est chargée.

CHAPITRE IV.

APPLICATION DE LA COUCHE DE TANNIN.

Le tannin du commerce paraît très-régulier dans son mode d'action (1) ; cependant il existe certains échantillons qui renferment beaucoup plus de matière résineuse insoluble que les autres. Cette impureté n'est pas nuisible, mais elle augmente la difficulté de préparer et de filtrer le liquide. La solution peut varier dans

---

(1) Deux échantillons de tannin avaient été vendus à M. Russell par M. William, de Liverpool ; l'un des deux était moins sensible que l'autre et paraissait fournir des résultats inférieurs. Les deux échantillons furent dissous dans l'eau additionnée d'un peu d'alcool, puis laissés de côté pendant plusieurs mois. Au bout de ce temps, l'une et l'autre solution fut trouvée claire et en bon état. L'échantillon moins bon avait laissé déposer en abondance un précipité floconneux, le meilleur ne contenait qu'un léger dépôt adhérent au fond du flacon. Un grand nombre de glaces furent préparées avec ces deux échantillons et soigneusement essayées par paires. C'est à peine si quelques différences se manifestèrent dans les résultats ; l'échantillon regardé d'abord comme inférieur semblait, au contraire, présenter quelque avantage au point de vue de la sensibilité ; la coloration des images était à peine légèrement différente. Il semble donc, d'après ces essais, que certains échantillons de tannin renferment des substances nuisibles, mais que ces substances peuvent être aisément éliminées lorsqu'on conserve ces échantillons en solution.

7

sa concentration depuis 2 jusqu'à 30 grains (0^{gr},129
à 1^{gr},941) par once (31^{cc},10) d'eau, suivant la nature
du sujet. Avec une solution concentrée, la sensibilité
est légèrement diminuée, mais on obtient des tons
riches et vigoureux, surtout si le modèle est parfaitement éclairé, et présente peu d'oppositions ; mais ce
serait se placer dans des conditions défavorables que
d'adopter cette manière de faire pour reproduire un
sujet fortement éclairé, et offrant de grands contrastes,
comme, par exemple, un paysage avec ciel et feuillages. Dans un cas de cette nature, si l'on a employé
une solution concentrée de tannin sur collodion ioduré,
on voit, aussitôt que l'on atteint le temps de pose suf-
fisant pour les parties foncées, se manifester dans les
lumières une sorte d'irritabilité, de tendance à la surexposition qui les fait empiéter sur les parties transparentes du cliché. Il est donc préférable d'employer,
dans une circonstance semblable, une solution aussi
faible que peuvent le permettre la facilité et la vigueur
du développement.

Il paraissait difficile, dans l'origine, d'étendre sur
le collodion une couche faible de tannin, mais
on y parvient aisément aujourd'hui en suivant la
méthode que nous décrivons ci-après, et l'on peut
réussir fort bien pour les paysages, en employant une
solution à 2 grains (0^{gr},129) de tannin par once
(31^{cc},10) d'eau. Cependant rien n'empêche d'employer une solution plus concentrée, si celle-ci ne

paraît pas présenter l'inconvénient que nous avons signalé plus haut; dans certaines conditions, et en opérant avec soin, on peut même quelquefois l'élever jusqu'à une concentration de 15 grains ($0^{gr},970$) par once. La proportion de tannin, susceptible de fournir les meilleurs résultats, peut varier d'ailleurs sous l'influence de diverses causes, telles que la nature du collodion, la température de l'atmosphère, la distance focale et l'ouverture des objectifs, etc.; plus l'image paraît faible sur la glace dépolie, plus la solution de tannin peut être forte. Dans aucun autre procédé, on ne peut aussi aisément se rendre maître de la vigueur et de l'intensité de l'épreuve; c'est en faisant varier les solutions de tannin que l'on obtient ce résultat.

Les collodions qui ne renferment que des bromures admettent l'emploi d'une plus forte proportion de tannin que les collodions iodurés; avec les premiers, la tendance à la production de clichés ternes est moins à redouter; on réussit bien alors avec 8 grains ($0^{gr},517$) de tannin par once ($31^{cc},10$) d'eau. On peut même employer une plus grande quantité de cet agent, si on le désire.

Pour éviter l'ennui de peser constamment les quantités de tannin dont on a besoin, on peut en faire à l'avance une solution concentrée. Les proportions de 32 grains (2 grammes environ) par once ($31^{cc},10$) semblent les plus convenables. Pour préparer cette solution, on ajoute dans un verre, contenant déjà 3 onces

(93cc, 30) d'eau distillée, 128 grains (8gr, 281) de tannin, et on agite, avec une baguette de verre, jusqu'à
ce que la dissolution paraisse complète. Si la proportion de matière résineuse est faible, la solution est
achevée au bout de quelques minutes et l'on peut filtrer sur du papier. La rapidité de la filtration dépend
de la proportion de matière résineuse ; dans tous les
cas, cette opération est d'autant plus facile qu'on a
donné plus de temps à la dissolution. Lorsque le filtre
s'obstrue, on décante le liquide et on le passe sur un
filtre nouveau.

Quand le liquide est entièrement passé, il faut le
filtrer deux ou trois fois, en changeant chaque fois le
papier (on n'a plus à craindre ensuite de voir la liqueur
se troubler), puis l'additionner d'une once (31cc, 10)
d'alcool (1). Si l'on faisait cette addition avant de filtrer, on dissoudrait une portion de la résine, et celle-ci
se déposant ensuite, au fur et à mesure de l'évaporation de l'alcool, obstruerait le filtre à chaque nouvelle
filtration.

La solution préparée comme nous venons de l'indiquer renferme 4 grains (0gr, 259) de tannin par drachme
(3cc, 88) ; elle peut se conserver très-longtemps dans
un flacon bouché ; elle s'améliore avec le temps. On

—

(1) Il ne faut jamais employer sur une couche de collodion de l'alcool méthylé, parce que l'esprit-de-bois qu'il contient dissout la
pyroxyline.

l'étend, à la concentration que l'on désire dans trois fioles ordinaires auxquelles on donne les n°s 1, 2 et 3 ; si la dilution est considérable, on additionne de $\frac{1}{2}$ drachme (1^{cc},94) d'alcool par once (31^{cc},10) le liquide des fioles n°s 1 et 2, et de 1 drachme (3^{cc},88) le liquide de la fiole n° 3.

L'alcool a pour but d'empêcher la solution de se décomposer et de lui permettre de pénétrer plus aisément la couche de collodion. Lorsqu'on n'emploie pas d'alcool, on voit souvent les portions de la couche qui se trouvaient près du coin inférieur lors de l'égouttage se développer avec plus d'intensité que les portions supérieures, parce que dans ces dernières la solution de tannin a eu moins de temps pour pénétrer la couche avant sa dessiccation. Si l'alcool était ajouté avant la filtration, il dissoudrait beaucoup de résine, et celle-ci se précipitant graduellement, par suite de l'évaporation de son dissolvant, obstruerait continuellement les filtres.

Prenez deux verres gradués, placez dans chacun d'eux un petit entonnoir en gutta-percha et versez dans l'un le liquide n° 1, dans l'autre le liquide n° 2. Placez à côté les uns des autres trois pieds à caler, soulevez avec un crochet d'argent la première glace sensibilisée (on peut aussi bien employer un morceau de bois muni d'un petit rebord à angle droit, formé par l'excision d'une branche) ; lorsque la glace est soulevée hors du bain, prenez-la avec les doigts et atta-

7.

chez-y la ventouse. Lavez quelques secondes sous un robinet pour enlever toutes les poussières qui ont pu s'attacher à la surface. Il arrive souvent à ce moment que les glaces se trouvent tachées par l'eau sale qui se trouve sur l'évier. Pour éviter cet inconvénient, disposez sous le robinet une grande glace, une planchette, une ardoise ou simplement une cuvette de porcelaine dont le fond soit en dessus et que vous inclinerez sous un angle de 30 à 40 degrés.

Rincez la couche avec un peu d'eau distillée pour enlever les matières salines de l'eau commune et éviter que celles-ci ne se mélangent avec la solution de tannin ; ensuite, si la glace est petite, portez-la verticalement de telle sorte que le côté par lequel s'est écoulé le collodion se trouve en haut ; prenez de la main droite les deux coins de ce côté en la recouvrant d'un linge propre, détachez la ventouse et essuyez doucement le dos de la glace avec la main gauche ; prenez ensuite les deux coins inférieurs et essuyez de nouveau avec la main droite. L'égouttage et le nettoyage prennent environ une demi-minute. Le but de cette dernière opération est d'empêcher que l'eau, se mettant en contact avec certaines parties du pied à caler, n'apporte ensuite des impuretés dans la solution de tannin et n'en diminue la concentration. L'emploi d'un linge sur les mains a pour but d'empêcher que l'eau qui a touché les doigts de l'opérateur ne s'écoule sur la couche dont elle diminuerait la sensibilité, et d'éviter aussi que, par suite de la chaleur de la main, la surface ne vienne à sécher et n'empêche ensuite le libre écoulement du tannin. Reprenez la glace de la main droite par les mêmes coins, ceux-ci sont secs alors et la main n'a plus besoin d'être protégée par un tissu. Placez à gauche le pied à caler et versez de la main droite une portion de la solution n° 1, en ayant soin d'épargner l'extrémité des coins 3 et 4, de telle sorte que la solution ne vienne pas au contact des doigts (1).

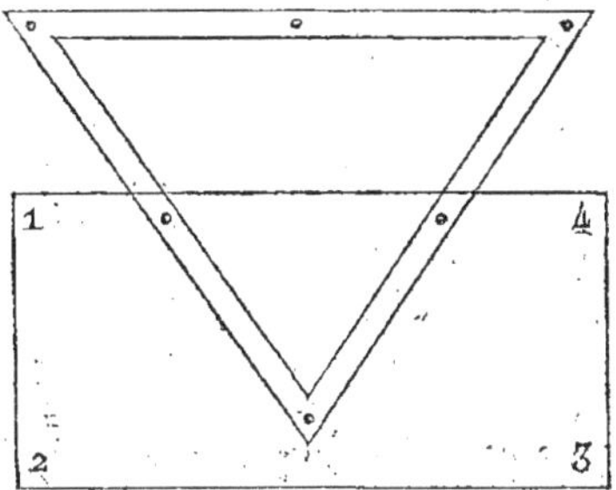

Si les bords sont trop desséchés pour permettre à la solution de couler librement, versez une petite quantité de celle-ci dans l'entonnoir, et tandis qu'elle s'en écoule goutte à goutte, étendez-la sur les parties sèches en tenant le bec de l'entonnoir tout près de la surface. Ce liquide ne produit que difficilement des bulles, et

---

(1) Les coins sont numérotés de la même manière que dans la figure de la page 30, et l'on doit supposer que la gélatine et le collodion se sont écoulés par le coin n° 3.

s'il s'en forme, elles se rompent immédiatement. Replacez l'entonnoir dans son verre et prenez celui-ci de la main gauche; de la main droite prenez la glace par les coins 3 et 4, et soulevez-la de manière à faire retomber dans l'entonnoir, par le coin n° 2, tout le liquide qu'elle peut conserver encore. Versez alors et enlevez ensuite de la même manière une portion de la solution n° 2, reversez de nouveau, puis laissez reposer jusqu'à ce que vous ayez traité de la même manière deux autres glaces sur les deux autres pieds. En opérant ainsi, la solution a tout le temps de pénétrer dans la couche sans que l'on perde un seul instant pendant la préparation.

Si la glace est grande, après l'avoir rincée à l'eau distillée, placez-la verticalement, le coin n° 2 en bas, et essuyez légèrement le dos autour de la ventouse; prenez-la ensuite par ce même coin, avec la main gauche, après avoir protégé celle-ci par un linge, et tenez-la de telle sorte que l'angle s'appuie sur le pouce, que le dos soit supporté par les doigts et que la glace se trouve au-dessus de la main dans une position presque verticale. Enlevez alors la ventouse et essuyez de nouveau avec la main droite. Le coin n° 4 doit être maintenu sec; c'est en le soulevant que l'on fait écouler la solution par le coin n° 2; cette manière d'opérer est la plus convenable. Le linge servant à essuyer doit être de coton, et s'il ne sert qu'à cette opération, il peut rester suffisamment propre pendant longtemps. Lorsque les trois glaces sont recouvertes de la solution de tannin, on enlève le liquide qui recouvre la première au moment où apparaissent à la surface des lignes huileuses ; celles-ci, dues à l'alcool, n'ont aucune importance. On verse de nouveau le liquide, on le décante, puis on enlève la glace avec la ventouse, et lorsqu'elle a cessé d'égoutter, on l'appuie sur le pied à égoutter en la faisant reposer par le coin n° 1 sur du papier à filtre. En faisant égoutter la solution par ce coin, on l'empêche d'abandonner ces parties de la couche qui ont le plus de tendance à la repousser, et, d'un autre côté, on obtient une couche de tannin plus épaisse dans les parties où le collodion est le plus mince. Cette condition est très-favorable à l'uniformité du développement.

Couvrez de tannin, sur le pied à caler, une autre glace de la même manière, faites égoutter la seconde et continuez jusqu'à ce qu'elle soit prête à mettre à sécher. Il faut toujours reverser la solution de tannin dans le filtre, et, pour cela, l'entonnoir doit toujours être maintenu dans le verre gradué, excepté lorsque, au moment de verser, on le tient de la main gauche au-dessus de la glace. Cela ne cause ni peine ni retard, car le liquide filtre aussi vite qu'on peut l'employer et l'on évite, de cette façon, qu'il ne se remplisse de poussière. Lorsqu'un certain nombre de glaces a été préparé, remplissez le n° 1 avec le liquide du n° 2, et le n° 2 avec du liquide frais du n° 3 ; de cette façon vous éviterez jusqu'à un certain point la dilution.

Avant d'abandonner les glaces à la dessiccation, on peut, par le lavage, enlever complétement le tannin (1). On obtient ainsi, dans tous les cas, une augmentation marquée de sensibilité, lors même qu'on emploie un collodion corné et récemment ioduré. En employant des bromures seuls, et lavant le tannin, on peut tripler la sensibilité. L'action chimique du tannin ne disparaît, ne diminue même pas par le lavage; entre une glace préparée avec une solution à 8 grains de tannin et une autre préparée avec une solution à 2 grains, on retrouve, dans ce cas, des différences identiques à celles que ces deux glaces eussent présentées, si l'on avait laissé le tannin sécher à leur surface. En lavant le tannin, on peut, jusqu'à un certain point, obtenir cette vigueur et cette intensité que donnent les solutions concentrées, sans s'exposer aux dangers d'insensibilité que présentent ces solutions, dans les circonstances ordinaires.

Si l'on suit cette méthode, il devient inutile de filtrer la solution de tannin au moment d'en faire usage; cette solution peut alors être placée simplement dans

---

(1) L'auteur a également essayé d'opérer ainsi sans enlever tout le nitrate libre avant l'application du tannin; mais autant qu'il a pu le vérifier, le seul résultat se traduit par une grande tendance à former des taches. Peut-être pourrait-on éviter cet inconvénient au moyen de précautions et de manipulations soignées, mais il ne semble y avoir dans cette méthode aucun avantage susceptible de compenser le danger qu'elle présente.

une cuvette horizontale ou verticale; les poussières dont le bain pourrait être souillé ne sont pas à redouter, car les lavages subséquents les enlèveront. On rend cette opération facile, en plaçant les glaces, après qu'elles ont subi l'action du bain de tannin dans une cuvette d'eau commune et les y laissant séjourner jusqu'à ce que six d'entre elles aient subi la même préparation; on termine en plaçant chaque glace sous un filet d'eau que l'on répand uniformément sur la surface jusqu'à ce que toute apparence huileuse ait disparu, et employant en dernier lieu un peu d'eau distillée. Si on exécutait le lavage sans prendre la précaution d'immerger les glaces pendant quelque temps dans l'eau, l'opération serait beaucoup plus longue, par suite de la résistance que présenterait à l'action de l'eau la surface encore imprégnée de la solution alcoolique de tannin. Si la proportion d'alcool contenu dans cette solution est considérable, on en tire un indice certain de la terminaison du lavage.

Cette manière d'opérer exige moins de travail que la méthode dans laquelle on laisse le tannin sécher sur la couche; elle ne présente aucune difficulté avec les collodions iodurés d'après la formule que nous avons fait connaître; mais avec certaines variétés de collodions, lorsque la couche ne repose pas sur une surface de gélatine, la tendance au soulèvement devient alors plus grande encore que dans le cas où la solution de tannin a été employée très-faible; on combat cette

endance de la même façon que dans ce dernier cas.
(*Voir* p. 5o)

Les verres gradués et les entonnoirs n'ont jamais besoin d'être lavés, et les filtres n'ont besoin d'être changés
que lorsqu'ils filtrent trop lentement. La solution peut
être reversée dans les fioles après les opérations (1),
car elle ne paraît nullement s'altérer, pourvu que les
glaces soient absolument privées de nitrate d'argent.
D'ailleurs il doit toujours en être ainsi, car la présence du nitrate d'argent cause des taches, et la sensibilité des glaces sèches n'augmente pas par suite de sa
présence (2).

La solution de tannin moisit quelquefois à la longue,
particulièrement lorsque, par suite d'un fréquent
usage, l'alcool s'est évaporé en grande partie. Une
goutte d'huile de girofle, ajoutée dans chaque fiole,
combat d'une manière complète cette tendance et ne
paraît exercer aucun effet fâcheux, à moins que quelques globules d'huile non dissous ne viennent s'é-
tendre sur la couche. On peut du reste se mettre parfaitement à l'abri de cette chance d'accident, en laissant l'huile au fond du flacon qui ne doit jamais être

---

(1) Lorsqu'on emploie des solutions très-faibles, celles-ci ne valent
guère la peine d'être conservées.

(2) Le nitrate d'argent qui se dessèche au sein de la couche accé-
lère le développement, et rend l'image très-intense; mais les clichés
ainsi obtenus, outre qu'ils sont sales et tachés, ont un aspect dur et
sans demi-teintes.

complétement vidé et en prenant soin de ne verser la
solution sur la couche qu'après l'avoir préalablement
filtrée. Ces globules non dissous, si on les versait avec
la solution, adhéreraient à la couche et produiraient
des taches transparentes et complétement insensibles.
Une solution concentrée de tannin qui était toute
moisie il y a quatre ans environ, à laquelle j'ai ajouté
à cette époque de l'huile de girofle, s'est complétement éclaircie et est restée claire depuis cette époque;
quoique foncée en couleur, elle donne d'aussi bons
résultats qu'une solution fraîchement préparée.

Les glaces, une fois recouvertes de tannin, doivent
être abandonnées à la dessiccation spontanée; une
température modérée dans un lieu sec est préférable à
la chaleur artificielle. Dans le procédé ordinaire à la
gélatine et dans beaucoup d'autres procédés à sec où
l'on fait complétement disparaître le nitrate d'argent,
la dessiccation par la chaleur est favorable à la sensibilité ; mais les glaces préparées au tannin paraissent
faire exception à cette règle : leur sensibilité augmente
jusqu'à un certain point de dessiccation, mais diminue
à partir de celui-ci. Le degré de sécheresse qui paraît
le plus favorable est celui que la couche peut acquérir
spontanément, dans l'état ordinaire de l'atmosphère.
Il résulte évidemment de ce qui précède, que la couche
doit se trouver dans un état de sécheresse bien uniforme. On peut reprocher encore au procédé par dessiccation artificielle de rendre la couche (si on l'em-

8

ploie immédiatement) plus susceptible de se détacher lorsqu'elle est ensuite mouillée pour le développement. D'un autre côté, si la glace est exposée trop humide, la finesse de l'épreuve peut être altérée.

Il faut prendre grand soin de ne pas exposer les glaces à la lumière pendant leur dessiccation, la lumière du feu suffit souvent pour les altérer. En somme, lorsqu'on emploie des bromures seuls, il faut prendre les plus grandes précautions pour que la lumière dont on se sert pendant la sensibilisation et les phases postérieures de la préparation soit aussi peu photogénique que possible, et pour que les glaces soient le moins possible exposées même à cette lumière, car le bromure d'argent est beaucoup plus sensible que l'iodure aux lumières colorées. Il faut aussi se bien mettre en garde contre la poussière tandis que la couche est humide ; mais lorsque les glaces sont sèches, il n'est plus nécessaire de s'en préoccuper, car la surface peut en être aisément débarrassée par le frottement.

Les glaces une fois sèches doivent être conservées de la façon recommandée pour les glaces gélatinées, mais elles doivent en outre être maintenues bien à l'abri de la lumière et de l'humidité.

Nous n'avons pas eu beaucoup occasion d'expérimenter les qualités de conservation des glaces au tannin ; nous savons cependant que des glaces de cette nature, avec couche préalable de gélatine, ont pu, sans altération, attendre la pose, depuis le mois de mai jusqu'au mois d'octobre. Elles ont pu, en outre, être conservées six semaines avant le développement sans inconvénient aucun. Mais d'autres expérimentateurs n'ayant pas obtenu les mêmes résultats, il est convenable, croyons-nous, et jusqu'à plus ample informé, de faire le développement aussitôt qu'on le peut après l'exposition. Cette manière d'opérer est toujours la meilleure, car si le temps de pose n'a pas été convenable, on peut ainsi recommencer en le modifiant.

Lorsque la couche est sèche, sa surface doit présenter un aspect brillant et d'un grand poli. Si le collodion est de bonne pyroxyline, toute impureté visible par réflexion est due à quelque erreur de préparation ; les suivantes sont les plus fréquentes : 1° l'adhérence de sels insolubles d'argent provenant de l'eau crue et de l'eau salée employées avant que le nitrate ait été suffisamment enlevé par l'eau distillée ; 2° une dessiccation trop grande avant l'immersion dans le bain de nitrate ; 3° l'emploi d'un collodion ultra-ioduré. Dans le premier cas, la matière précipitée apparaît sous la forme de taches grasses dirigées dans le sens suivant lequel les glaces ont été plongées dans l'eau ou recouvertes par celle-ci. Il peut se faire encore que la glace ayant été immergée avec lenteur, un dépôt d'aspect malpropre se produise près des extrémités, sous forme de barres, aux points où l'eau s'est arrêtée.

Dans le second cas, le dépôt se trouve, en général, confiné autour des deux bords qui se trouvaient en haut lorsque le collodion a été versé ; ces bords paraissent alors bleus et transparents. Dans le troisième cas, l'iodure se trouve distribué sur la glace en grumeaux plus uniformément et sans qu'il se forme de portions transparentes à la partie supérieure.

Dans le premier cas, si la matière précipitée est peu abondante, on peut l'enlever entièrement et rendre la glace aussi bonne que si aucun défaut ne s'y était formé ; pour cela il suffit de placer la glace sur la ventouse et d'en frotter la surface avec un tampon propre de coton cardé. Ce tampon doit être muni d'une poignée que l'on forme en en serrant une partie par une cordelette que l'on noue à l'extrémité ; de cette façon, on peut le suspendre à un clou enfoncé à l'extrémité d'une planchette, ou en tout autre endroit convenable. Si on le réserve spécialement à cet usage, il peut servir pendant longtemps. Dans le second ou troisième cas, on peut améliorer la glace en enlevant de la même manière l'iodure en excès, et, dans le second cas, l'épreuve reste bonne sur les portions de l'épreuve qui conservent leur opacité et ne sont pas transparentes par suite de la disparition de l'iodure d'argent. Dans le troisième cas, on ne peut s'attendre à un bon résultat, surtout lorsque la quantité d'iodure en excès est considérable et a marqué la couche de taches irrégulières.

Dans tous les cas, il est bon d'essuyer la surface de la glace sensible avec le tampon de coton avant de la mettre dans le châssis, afin d'enlever toutes les parcelles de poussière dont elle peut être revêtue. Si l'on a employé un collodion neuf et corné, si surtout la solution de tannin est assez concentrée, on peut, sans crainte de déchirer la surface, la frotter assez fortement.

CHAPITRE V.

EXPOSITION, DÉVELOPPEMENT ET FIXAGE.

A partir de ce point, il n'y a plus de causes d'accident, pourvu que les opérations suivantes soient conduites avec les soins ordinaires qu'exigent les autres procédés ; et, à l'exception des cas sur lesquels nous avons appelé spécialement l'attention, on peut faire varier le traitement dans des limites très-larges. Néanmoins, pendant l'exposition et le développement, il faut beaucoup de soin et d'expérience pour obtenir les meilleurs résultats. Relativement au temps de pose, les glaces présentent dans leur sensibilité les plus grandes différences suivant leur mode de préparation. Les causes principales d'insensibilité ont été indiquées déjà ; ce sont l'emploi d'un collodion simplement ioduré ou trop vieux, ou d'un bain beaucoup plus acide qu'il n'est nécessaire pour donner de l'éclat aux épreuves. Si deux seulement de ces conditions sont défavorables, si, mieux encore, toutes se trouvent réunies, l'insensibilité est très-grande. L'emploi d'un bain alcalin ou impur, avec un collodion incolore ou à peine coloré, produit de même une grande insensibilité dans les demi-teintes et rend l'épreuve voilée.

L'auteur a préparé, par la méthode indiquée dans les pages précédentes, des glaces plus sensibles que celles que fournissent tous les procédés secs qu'il a essayés et qui sont susceptibles de fournir de la vigueur et de l'éclat. Chacun reconnaîtra, il le croit, que ce procédé donne des épreuves brillantes et vigoureuses, d'une grande douceur et riches de demiteintes ; en même temps il est plus facile qu'aucun autre procédé et plus sûr lorsque le sujet est faiblement éclairé.

Quel que soit d'ailleurs l'objet à reproduire, on ne rencontrera aucune difficulté, pourvu que la solution de tannin soit appropriée à la circonstance ; cette appropriation sera surtout nécessaire lorsqu'on fera usage d'un collodion simplement bromuré pour reproduire une vue fortement éclairée et remplie d'oppositions.

Si l'on pouvait déterminer exactement le temps de pose, il serait facile de donner la formule d'un mélange révélateur qui réussît toujours avec toute espèce de sujet. Dans les procédés à sec, cela n'est pas possible, et le temps de pose est toujours plus ou moins incertain, à moins qu'opérant comme par le procédé humide, on ne développe chaque glace immédiatement et qu'on ne détermine ainsi, pour une deuxième glace, le temps d'exposition convenable. Dans le cas ordinaire, tout ce que l'on peut faire, c'est de donner des règles générales et d'indiquer les effets de différents modes de traitement qui, pour produire les meilleurs résultats, devront subir de légères variations dans chaque occasion. Les formules suivantes fournissent des liquides révélateurs très-convenables pour ce procédé, comme pour d'autres (1).

N° 1. Acide pyrogallique...... 96 grains (6ᵉʳ, 144)
       Alcool absolu.......... 1 once (31ᶜᶜ, 09)

Versez cet alcool, qui doit être anhydre ou du moins aussi concentré que possible, dans un flacon de 2 onces (62ᶜᶜ, 18) muni d'un rebord plat. Ajoutez l'acide pyrogallique, qui se dissoudra immédiatement; agitez pour égaliser la force de la solution, et ajoutez deux ou trois gouttes d'éther. Cette solution est à peine colorée au bout de six mois, et il est bien plus avantageux d'en faire usage que de peser constamment. Traité de cette façon, l'acide pyrogallique conserve toute sa force, ce qui n'arrive point lorsqu'il est dissous dans l'eau ou même dans l'acide acétique concentré. Douze gouttes environ (0ᶜᶜ, 325) de cette solu-

____

(1) Les glaces à l'albumine ou au collodion albuminé exigent la substitution dans le n° 2 de l'acide acétique à l'acide citrique qui, dissolvant l'albumine, amène des soulèvements. L'acide acétique doit être en grande proportion, pour éviter que le révélateur ne se trouble, et la solution doit être versée directement de la bouteille pour empêcher la perte d'acide par évaporation. La solution d'argent acidulée par une petite quantité d'acide acétique peut cependant servir pour le collodion albuminé, quand la préparation des glaces a été telle, que leur tendance au soulèvement soit peu développée.

(93)

tion contiennent un grain (0^{gr},064) d'acide pyrogallique. Si on veut l'employer pour le collodion humide,
on en mesure la quantité voulue, on étend à la concentration convenable, puis on ajoute la proportion
d'acide nécessaire.

N° 2. Eau distillée. . . . 1   once   (31^{cc},09)
    Nitrate d'argent . 10 grains (0^{gr},647)
    Acide citrique. . . 10 à 60 grains (0^{gr},647 à 3^{gr},840)
                suivant la concentration de la
                solution de tannin, l'élévation
                de la température, la nature
                du sujet, etc.

Il est très-avantageux d'employer l'acide acétique
en le mélangeant à la solution de nitrate d'argent
plutôt qu'à celle d'acide pyrogallique. Lorsque l'exposition a été un peu courte et qu'on n'emploie
qu'une petite quantité d'argent avec une solution pyrogallique concentrée, les demi-teintes se développent
mieux que quand on emploie une grande quantité
d'acide, ainsi que cela se pratique dans le procédé ordinaire. D'un autre côté, lorsque la glace a été surexposée, on peut employer une solution concentrée de
nitrate d'argent acidifié sans que le liquide se trouble
et sans qu'il se forme aucun dépôt irrégulier capable
d'altérer la finesse de l'épreuve. Cette solution acide
de nitrate d'argent peut rendre de grands services par
son addition au révélateur dans le procédé humide,
lorsque, par suite de la nature du collodion ou de la

faiblesse de l'éclairage, l'épreuve se produit avec une grande perfection de détails, mais avec une intensité insuffisante; on peut aussi l'employer avec l'acide pyrogallique pour intensifier les clichés développés au fer. Si, comme cela a lieu d'habitude, on ajoute du nitrate d'argent ordinaire au révélateur, il se produit immédiatement un trouble, et un dépôt boueux se forme sur toute la couche, à moins que dans les premiers moments du développement on n'ait employé une quantité d'acide plus considérable que celle usitée. En outre, l'argent lui-même se précipite à l'état grenu; il faut alors, pour que le cliché présente à la lumière une opacité suffisante, que l'épaisseur du dépôt soit considérable et, par suite, toute la finesse des détails disparaît. Lorsqu'on ajoute le nitrate seul au révélateur, on doit toujours craindre d'en ajouter une quantité plus forte que ne le comporte la proportion d'acide qui se trouve en présence; cet effet se reconnaît très-bien sur les positives dont les clairs prennent alors une blancheur comparable à celle de la chaux; en un mot, l'épreuve se trouve alors formée sur la couche : c'est là un état de choses qu'il ne faut jamais admettre. Il n'en est pas de même lorsqu'on ajoute du nitrate d'argent accompagné d'une proportion suffisante d'acide.

Le développement des glaces préparées au tannin peut être aussi rapide qu'au procédé humide, pourvu que l'on emploie un révélateur énergique; mais il ne faut pas opérer ainsi lorsqu'on veut obtenir des images négatives : en effet, l'épreuve s'accuse alors avec tant de rapidité, qu'elle se trouve complétement perdue pour peu que l'exposition ait été soit trop longue, soit trop courte. Dans tous les cas, on ne peut, de cette manière, obtenir des résultats supérieurs que par accident. La marche suivante est préférable, et, pourvu qu'elle soit suivie habilement et soigneusement, elle donnera une grande marge pour le temps de pose.

Étendez et filtrez, de la façon ci-dessous, une portion du n° 1 qui représente juste la quantité dont vous avez immédiatement besoin ; mais n'en préparez point davantage à l'avance, car la solution étendue manifeste bientôt des signes de décomposition et devient incapable de développer les parties faiblement touchées par la lumière ; mesurez donc dans un vase 10 gouttes du n° 1, versez-les sur un petit filtre placé dans un entonnoir en gutta-percha, lavez le vase avec 1 drachme (3^{cc},88) d'eau distillée que vous jetez également sur le filtre. Vous pouvez aussi faire écouler le liquide goutte à goutte du flacon sur le filtre, en tenant le bouchon contre le goulot du flacon, afin d'empêcher le liquide de s'échapper en trop grande quantité.

La solution pyrogallique doit toujours être filtrée, surtout lorsqu'on l'emploie aussitôt qu'elle vient d'être faite ou étendue ; sans cette précaution, les portions insolubles qui se trouvent en suspension dans la liqueur viennent, par suite de leur nature poreuse et de l'excès d'acide pyrogallique qu'elles contiennent en conséquence, causer des *comètes* sur le cliché.

Dans un autre entonnoir et un verre semblables aux premiers et toujours prêts pour cet usage, versez quelques drachmes du n° 2. Les verres et les entonnoirs dont nous venons de parler ne doivent jamais être lavés, à l'exception de celui qui doit servir pour le développement ; de même les filtres ne doivent être changés que lorsqu'ils laissent passer le liquide trop lentement (1). On peut faire ces filtrations de la manière suivante : Coupez une planchette mince, par exemple un côté de boîte à cigare, sous forme d'un carré un peu plus large que le diamètre du verre dont vous faites usage ; dans le milieu de ce carré, percez un trou suffisamment grand pour que le bec de l'entonnoir le dépasse d'un pouce environ ou davantage suivant sa taille, et ajustez-le avec assez de force pour qu'il soit maintenu solidement par la planchette. L'entonnoir peut alors être transporté, avec son support, d'un verre à l'autre ; et si on doit les déplacer pendant la filtration, il suffit d'appuyer un doigt sur la planchette pour maintenir l'entonnoir en place. Pour ajouter de la solution argentique au révélateur, enlevez l'entonnoir, versez-y un peu de cette solution et placez-le sur le verre servant à développer, en

---

(1) Lorsque le vase et le filtre à acide pyrogallique se sont desséchés, on les rince en jetant un peu d'eau sur le filtre, et se servant ensuite de cette eau pour enlever l'acide pyrogallique.

comptant les gouttes afin de régler la quantité ajoutée. Les liquides ayant été préalablement filtrés, on est sûr qu'ils sont alors parfaitement clairs.

On peut, plus facilement encore, procéder à l'addition du nitrate d'argent, en plaçant l'entonnoir dans un support à cornue et ayant soin que le bec se trouve à environ un pouce au-dessus de l'orifice du verre. Lorsqu'on a besoin d'une quantité déterminée de solution, on verse de la main droite, dans l'entonnoir, une petite portion de la liqueur filtrée, on maintient le verre de la gauche, jusqu'à ce qu'il se soit écoulé le nombre de gouttes nécessaire et, cela fait, on lui substitue un autre verre. Il n'est pas de méthode plus facile pour ajouter de petites quantités d'argent ; on peut cependant, si on le désire, faire écouler directement et goutte à goutte la solution du flacon. Si l'on n'a pas de support à cornues, on peut placer l'entonnoir dans une planchette en bois percée d'un trou en son milieu et placer celle-ci sur une boîte d'une hauteur convenable, en la recouvrant partiellement d'un corps suffisamment lourd pour la maintenir en place.

Si l'on n'a pas employé de couche préalable de gélatine, et même lorsqu'on a fait usage de caoutchouc, les bords de la couche tendent à se détacher pendant le développement, le fixage et le lavage, quoique la glace ait été soigneusement dépolie sur les bords. Lorsque cet accident tend à se produire, il faut, avant de mouiller la couche, en peindre le tour avec une solution de

9

caoutchouc. Dans ce but, on dissout du caoutchouc (non vulcanisé) dans 1 ½ once (46^{cc},5) d'un mélange de benzine et de chloroforme que l'on place dans une fiole ; les proportions de caoutchouc importent peu ; il suffit que la solution soit assez épaisse pour empêcher les soulèvements ; les portions de caoutchouc qui peuvent rester indissoutes dans le liquide n'ont aucun inconvénient ; plus longtemps les substances restent en contact, plus la solution est épaisse et meilleure elle est. La pâte ordinaire de caoutchouc étendue avec la benzine convient très-bien dans ce but ; la préparation est alors très-rapide. Percez un trou vertical dans un bouchon s'adaptant bien à la fiole, et ajustez dans ce trou un petit cylindre de bois dont la hauteur soit à peu près le huitième de celle de la fiole. Attachez à ce cylindre de bois un petit pinceau en poil de chameau, à une hauteur telle, que le cylindre dépasse le pinceau d'un demi-pouce environ, et laissez celui-ci plongé constamment dans le liquide, de telle sorte qu'il soit toujours mouillé. Prenez ensuite une glace au moyen de la ventouse et promenez le pinceau tout autour ; le morceau de bois pressant alors contre le bord de la glace sert de guide et permet de ne recouvrir de caoutchouc qu'une bande large d'un huitième de pouce environ. Une minute suffit pour sécher le caoutchouc.

Cette manière de faire n'offre pas d'avantages, au point de vue de la facilité, sur celle qui consiste à donner aux glaces une couche préalable de gélatine ;

cependant elle est préférable lorsqu'on a besoin de préparer rapidement des glaces, et qu'on n'en a pas de gélatinées sous la main. En bordant ainsi les glaces de caoutchouc, on évite le déversement du liquide et les taches que produisent les doigts pendant le développement. Cependant, si la solution de tannin est employée très-faible, ou si le tannin a été lavé, il vaut mieux peindre les bords des glaces avec de la gélatine avant d'y verser le collodion.

L'emploi d'alcool étendu au lieu d'eau pour mouiller les glaces avant le développement est, à tous les points de vue, un grand perfectionnement (1).

On évite ainsi l'expansion et, par suite, le soulèvement et le départ de la couche ; le résultat est si net, qu'en général, et pourvu que la couche de collodion ne soit pas trop épaisse, on peut opérer ainsi, sans couche préalable. Quand on emploie la gélatine, on peut ainsi en déposer sur la glace une couche plus mince, dont l'étente est facile, et qui pénètre moins aisément dans le collodion. Grâce à ce traitement par l'eau alcoolisée, la faible adhérence d'une couche mince de caoutchouc à la glace devient très-suffisante ; mais l'avantage le plus important de tous est celui-ci :

---

(1) Nous sommes redevables à l'un des correspondants des *Photographic News* de la connaissance de ce fait qu'en mouillant les glaces collodionnées avec un mélange d'alcool et d'eau, on empêche la couche de se détacher.

l'alcool, par la faculté qu'il possède de bien pénétrer la couche, ramène celle-ci à l'état poreux qu'elle possédait primitivement, quand on a employé une solution légère de tannin, et même quand ce préservateur a été enlevé par le lavage immédiatement après son application. Au contraire, si on mouille la glace avec de l'eau seule, il faut faire usage d'une solution de tannin plus concentrée ; sans cette précaution, le développement resterait très-faible : dans ce dernier cas, l'action chimique de l'eau employée seule est si marquée, qu'avec un collodion ioduré les glaces ne peuvent quelquefois fournir de bons négatifs en face des sujets à la reproduction desquels s'appliquent le plus souvent les procédés secs, c'est-à-dire en face de paysages avec ciels et parties peu éclairées.

Remplissez une fiole d'un mélange à parties égales d'alcool ordinaire et d'eau ; puis, tandis que vos solutions filtrent, prenez une glace avec la ventouse ou placez-la sur le pied à caler, et recouvrez-la de cet alcool étendu de la même manière que si vous versiez du collodion, et en rejetant dans le flacon l'excès du liquide ; celui-ci peut servir indéfiniment à de nouvelles opérations, il suffit de l'additionner de nouvelles quantités d'alcool et d'eau, au fur et à mesure des pertes. Au fond du flacon il se forme un dépôt, mais en opérant ainsi, on ne le trouble pas. Replacez la glace sur le pied à caler, puis faites-y passer plusieurs fois de l'eau distillée, jusqu'à ce que celle-ci coule librement à la surface (1) ; on obtient aisément ce résultat, lorsqu'on fait marcher de front le développement de trois glaces, en recouvrant doucement la première d'une quantité d'eau suffisante pour recouvrir les trois ; l'alcool s'oppose à l'écoulement de l'eau qui, cependant, trouve son chemin vers les bords, lorsqu'on la décante pour la verser sur les deux autres glaces : chacune d'elles doit être traitée de cette façon, à plusieurs reprises, avec la même eau. En suivant cette marche, on profite de l'action de l'alcool, action fort importante, car elle empêche le gonflement et le détachement de la couche pendant le développement, accident qui peut se produire surtout lorsqu'on n'a pas employé de couche préalable. La présence ou l'absence du tannin est sans intérêt ; à peine cause-t-elle quelque différence dans la couleur du cliché.

Lorsque l'eau coule librement, mélangez-la, si l'effet du temps de pose vous est inconnu, avec une quantité d'acide pyrogallique filtré qui doit être d'un quart de drachme (1 centimètre cube environ) pour une glace stéréoscopique, et ajoutez une goutte de nitrate d'argent acide (2). Si vous savez que l'exposition

---

(1) Il est bon de laisser à sec les coins que l'on doit prendre entre les doigts, mais il est difficile d'empêcher l'alcool de les recouvrir ; cependant, si l'on prend soin d'abord de laisser le pouce et un doigt sous les coins, tandis qu'on fait aller et venir l'eau, de telle sorte qu'ils ne touchent pas le liquide, ces coins ne tardent pas à sécher.

(2) Il est quelques variétés de collodion qui permettent de com-

a été à peine suffisante, vous pouvez employer beaucoup plus d'acide pyrogallique ; dans ce cas, la solution
filtrée doit être plus concentrée.

Versez le révélateur sur l'extrémité droite de la
glace, puis inclinez celle-ci de telle sorte que ce liquide
chasse devant lui toute l'eau qui la recouvre, avant de
venir s'écouler dans le verre. On doit répéter la même
opération chaque fois que l'on ajoute de l'acide pyrogallique ou de l'argent, afin d'éviter des inégalités
d'intensité. Versez ensuite par l'autre bord de la glace
et répétez plusieurs fois l'opération, en surveillant
l'apparition de l'épreuve. Si quelque portion se déve-

---

mencer le développement avec de l'acide pyrogallique seul ; mais il
en est d'autres doués d'une forte réaction organique, et avec lesquels
on n'obtient rien de cette manière. Dans certains cas, l'acide pyrogallique semble affaiblir l'image invisible ; aussi, lorsqu'on vient ensuite à ajouter le sel d'argent pour développer réellement l'image,
celle-ci paraît-elle avoir moins posé que si l'on avait, dès les premiers moments, employé un peu d'argent. Cependant, lorsque l'acide
pyrogallique a d'abord été employé seul, le mélange révélateur versé
ensuite sur la glace la laisse parfaitement propre. Quand une glace
a trop posé, on trouve un certain avantage à recouvrir d'abord la
couche d'une petite quantité de solution d'argent non mélangée
d'acide, mais il faut n'employer alors que des traces de composé
argentique. Dans ce but, on étend dans une demi-once (15^{cc},5) d'eau
distillée, une goutte ou deux d'une solution de nitrate à 10 grains
(0^{gr},647) par once (31^{cc},10), et l'on ajoute, pour une glace stéréoscopique, une ou deux gouttes de cette liqueur étendue à la quantité
de solution pyrogallique nécessaire pour son développement. Cependant
l'auteur n'a pas assez expérimenté cette méthode pour pouvoir
la recommander avec confiance.

loppe plus lentement que le reste, par suite d'un mélange imparfait entre le révélateur et le liquide qui
recouvrait primitivement la glace, versez deux ou
trois fois une nouvelle quantité de liquide sur cette
portion, de telle sorte que le tout se mette en mouvement d'une manière presque simultanée.

Si, au bout de quelques secondes, rien n'apparaît,
ou si le ciel seul se développe, ajoutez rapidement une
plus grande quantité d'acide pyrogallique. L'image
vue par réflexion doit alors se développer d'une manière générale, dans presque tous ses détails ; s'il n'en
est pas ainsi, continuez à faire mouvoir le liquide et
ajoutez de l'acide pyrogallique jusqu'à ce que l'image
soit partout visible ; si le développement est lent, le
révélateur peut rester quelque temps sur la glace. Re-
gardez alors par transparence ; puis, suivant l'aspect,
ajoutez encore de l'acide pyrogallique ou un mélange
d'acide pyrogallique et de nitrate d'argent acide, ou du
nitrate seul ; enfin, lorsque les détails sont convenablement développés dans les ombres, ajoutez du nitrate
d'argent acide jusqu'à ce que vous ayez obtenu l'intensité convenable.

Si, dès les premiers moments de l'emploi du révélateur, l'image paraît rapidement dans tous ses détails,
mais manque d'effet ; si les terrains se développent
aussi vite et avec autant d'intensité que le ciel, il faut
ajouter immédiatement du nitrate d'argent acide.

En troisième lieu, si le temps de pose a été considérablement exagéré, l'épreuve rougit immédiatement d'une manière générale et l'épreuve n'apparaît que faiblement ; s'il en est ainsi, enlevez le révélateur et remplacez-le par quelques gouttes de nitrate d'argent acide étendu d'eau. Dans ce dernier cas, les faibles traces d'acide pyrogallique laissées dans la couche sont largement suffisantes pour achever le développement, lorsque l'on a ajouté une quantité d'argent assez considérable.

Quand l'exposition a été insuffisante, il faut avoir soin de n'ajouter ni trop lentement l'acide pyrogallique, ni trop rapidement le nitrate d'argent acide ; si au contraire la glace a été surexposée, il ne faut pas ajouter le nitrate trop lentement, sans quoi le caractère du cliché s'accuse avec tant d'énergie, qu'il devient ensuite impossible de le corriger. L'important est de savoir saisir les moments propices du développement.

Si, à un moment quelconque de l'opération, on a, par inadvertance, employé une trop grande quantité de l'un ou l'autre agent, il faut rapidement rejeter tout le liquide et le remplacer par une nouvelle solution faite dans les proportions convenables. Dans tous les cas, à partir du moment où les détails sont convenablement développés, et où le cliché n'a plus besoin que d'être renforcé, il faut employer exclusivement le nitrate d'argent acide.

Les premières portions de révélateur se troublent quelquefois, surtout lorsque avant l'apparition de l'image on a employé de l'acide pyrogallique concentré avec une faible quantité d'argent. Lorsque cet accident se produit, il faut rejeter le révélateur ; en employant ensuite un mélange fait dans de bonnes proportions, on obtiendra un bon résultat, sans qu'il soit nécessaire de laver la glace ni le verre à développer. Le liquide se foncera peu à peu en couleur à chaque addition d'argent, jusqu'à ce qu'il atteigne la teinte du vin de Porto, mais il devra toujours rester clair et brillant.

En développant de cette façon, on peut verser l'une des solutions ou même toutes les deux dans le verre vide, pendant que la portion précédente du révélateur est sur la glace, et l'on peut y rejeter celui-ci sans qu'il se produise aucun effet fâcheux. Si l'on développe trois glaces en même temps, et si l'on reconnaît qu'elles exigent l'une et l'autre des traitements différents, il faut avoir sous la main deux verres parfaitement propres, de manière à donner à chaque glace le révélateur qui lui convient. La méthode de développement que nous venons de décrire est lente dans les premiers moments, mais elle marche rapidement aussitôt que le choix du révélateur se trouve indiqué ; il suffit alors de renforcer avec des proportions convenables des solutions que l'expérience apprend à appliquer dans chaque cas particulier (1).

----

(1) Lorsque la proportion d'argent est très-petite, le révélateur

La seule difficulté que l'auteur ait rencontrée dans ses premières expériences avec le tannin a déjà été signalée, c'est la suivante : quelquefois, dans le ciel, les grandes lumières ou les parties les plus transparentes de l'image, il voyait se manifester sur les bords une sorte de halo, figurant des franges rouges à la lumière transmise. Cet accident dépend du développement ; l'état du bain et du collodion a sur sa production une faible influence ; il ne se produit pas, en général, dans les premiers instants du développement, il apparaît surtout pendant le renforcement.

Après avoir essayé pour parer à cet inconvénient toutes choses, excepté la bonne, il a reconnu qu'on pouvait y parvenir avec certitude, même lorsque la pose avait été beaucoup trop longue, en employant plus d'acide dans le révélateur. Cependant, cette précaution ne suffit pas toujours lorsque le collodion est bromo-ioduré, et que la solution de tannin a été employée concentrée ; dans la reproduction des paysages surtout, il est souvent difficile d'éviter ce défaut sans sacrifier quelques détails dans les ombres : on obtient, dans ce cas, un résultat meilleur, en employant une solution faible de tannin, mais la meilleure méthode consiste à faire usage de collodion bromuré.

---

peut rester longtemps sur la glace ; mais lorsqu'elle est considérable, un séjour trop prolongé met en évidence les lignes ondulées qui peuvent exister dans la structure de la couche de collodion.

On ne saurait indiquer aucune proportion comme pouvant s'appliquer à tous les cas; mais les renseignements suivants suffisent en pratique quand les sujets présentent peu d'oppositions, et quand on a employé une solution concentrée de tannin. La quantité minimum d'acide citrique à employer pour chaque grain (o^{gr},o64) de nitrate d'argent doit être de 1 grain (o^{gr},o64) environ pour 10 (o^{gr},647) de tannin dissous dans 1 once (31^{cc},o9) de solution.

Pour paysages, la meilleure proportion avec un collodion contenant de l'iodure paraît être de 4 grains (o^{gr},258) par grain (o^{gr},o647) de nitrate d'argent; il faut l'ajouter d'abord en petites quantités si l'on ne veut rendre nécessaire une exposition plus longue. Les proportions d'acide peuvent, d'ailleurs, varier suivant les circonstances : il en faut plus par les temps chauds que par les temps froids; plus après une surexposition qu'après une exposition insuffisante ; plus à la fin qu'au commencement du développement, plus avec un collodion bromo-ioduré qu'avec un collodion bromuré.

Le meilleur guide que l'on puisse consulter est l'aspect de l'épreuve terminée. La plus petite trace des franges dont il vient d'être parlé indique qu'on n'a pas employé assez d'acide (1). Lorsque la surface de la

____

(1) A moins que l'on n'ait employé les acides gallique et pyrogallique simultanément sur la même glace. En opérant ainsi, on est

couche est bien sèche et qu'on la présente à la lumière sous un angle peu prononcé, elle doit être aussi brillante que le verre; si dans les parties transparentes moins attaquées par la lumière on aperçoit des impuretés bien marquées, c'est un signe du même défaut dans le développement, à moins que la glace trop peu exposée n'ait été développée avec beaucoup d'acide pyrogallique et peu d'argent; dans ce cas, en effet, on doit s'attendre à un léger dépôt, même si l'on a employé une proportion d'acide suffisante.

Il est commode d'avoir sous la main plusieurs flacons renfermant des solutions de nitrate à différents états d'acidité, formées, les premières, de $1\frac{1}{2}$ grain ($0^{gr},097$) à 2 grains ($0^{gr},129$) d'acide citrique, les dernières de 4 grains ($0^{gr},256$) d'acide citrique par grain ($0^{gr},0647$) de nitrate d'argent. Le développement peut être commencé avec de petites quantités des solutions les moins acides et terminé avec celles qui le sont le plus. Cependant, il faut bien prendre garde, avec les collodions bromo-iodurés, de ne pas verser sur la glace une quantité trop grande de solution peu acide, et de ne point pousser l'action trop loin, ce qui produirait des franges sur les bords des lumières.

---

exposé à ce genre d'accident toutes les fois que le sujet présente beaucoup d'oppositions, et que l'on a employé une solution concentrée de tannin, quoique la solution d'argent fût assez acide pour qu'on pût se servir de l'acide pyrogallique seul.

Chaque flacon doit avoir son filtre et son verre qui lui sont spécialement réservés. La solution acidulée d'argent paraît se bien conserver ; quelquefois il se forme dans le liquide une substance cornée, demi-transparente, mais la réaction qui lui donne naissance ne paraît pas altérer d'une manière sensible la qualité de la solution. En déterminant la proportion d'acide dont on doit faire usage, il faut se bien rappeler qu'il vaut mieux en employer trop que trop peu.

L'emploi dans les premiers moments d'une grande quantité d'acide n'a pas pour effet d'empêcher le développement des demi-teintes ; car si la proportion d'argent du révélateur est maintenue très-faible jusqu'à ce que les demi-teintes apparaissent, il y a en réalité moins d'acide à ce moment, même si la solution en est très-chargée, que dans le procédé ordinaire. Si l'on emploie plus d'acide qu'il ne faut, un seul inconvénient se manifeste, c'est la production d'un ton un peu plus froid ; mais lorsqu'il s'agit d'un cliché, cela n'a aucune importance.

On peut si bien réglementer les résultats par cette méthode de développement, qu'en la combinant avec les propriétés particulières du tannin, il est facile de produire une bonne épreuve avec toute espèce de collodion.

Si, dans la première partie du développement, on substitue l'acide formique à l'acide citrique, les détails se révèlent aisément, et l'on obtient, avec une pose courte, des épreuves harmonieuses; mais les avantages dus à l'emploi de cet acide n'ont pas encore été déterminés d'une façon assez précise. Une partie d'acide formique pur [il s'agit ici de celui que l'on vend au détail 4 pence (40 centimes) l'once (31^{cc}, 09)] peut être mélangée avec des quantités de solution de nitrate à 20 grains (1^{gr}, 294) par once, variant de deux à six parties. Le mélange peut être fait en petite proportion, quelques instants avant d'être employé; mais l'expérience montre qu'il marche encore fort bien après plusieurs semaines de conservation à l'obscurité, quoique au bout de quelques heures il s'y forme un léger dépôt adhérent aux parois du flacon. L'acide formique conserve en réalité à l'image et au révélateur une grande limpidité; en outre, il ne présente pas au même degré que l'acide citrique l'inconvénient d'empêcher, lorsqu'il a été employé en excès, le développement des parties faiblement lumineuses. La solution de nitrate d'argent acidulée par l'acide formique marche fort bien, même après une longue conservation; cependant elle ne produit pas une aussi grande intensité que celle résultant de l'emploi du mélange d'acide citrique et de nitrate d'argent; il semble donc avantageux d'ajouter un peu d'acide citrique pour achever le développement.

On a récemment découvert que l'ammoniaque peut jouer un rôle dans le développement des glaces sèches. L'auteur, après avoir lu une relation du procédé consistant à soumettre aux vapeurs ammoniacales les glaces au tannin, s'est trouvé conduit à étudier ce sujet.

Il semblait probable, au premier abord, que le rôle de l'ammoniaque dépend de quelque réaction chimique entre ce corps et le tannin ; aussi a-t-on commencé par en essayer l'action sur l'acide pyrogallique qui, moins stable que le tannin, devait, dans les mêmes circonstances, subir une action plus énergique. L'expérience a pleinement confirmé cette manière de voir. Traitées par une très-petite quantité d'ammoniaque, les solutions d'acide pyrogallique restent d'abord limpides ; mais bientôt le liquide commence à se colorer, comme si elles avaient été additionnées de nitrate d'argent et acidulées. Versées sur les glaces immédiatement après l'addition de l'ammoniaque, ces solutions produisent un développement énergique ; et celui-ci devient d'une obtention très-régulière, lorsqu'on a bien précisé les conditions. D'autres expériences établissent qu'un mélange de tannin et d'ammoniaque peut agir aussi comme révélateur, mais avec moins de force que l'acide pyrogallique, et que la pose doit alors être prolongée. L'acide gallique, soumis aux mêmes essais, a paru produire un effet intermédiaire entre celui de l'acide pyrogallique et celui du tannin.

L'emploi des vapeurs d'ammoniaque a été expérimenté. L'effet obtenu de cette manière, en présence du tannin, est supérieur à celui que produit l'ammoniaque liquide ; mais il est encore inférieur aux résultats que donne l'acide pyrogallique. En effet, lorsqu'on emploie ce dernier en mélange avec le liquide destiné à mouiller la glace après l'action des vapeurs, on développe des détails beaucoup plus fins, et le résultat est sensiblement le même que si l'on avait d'abord ajouté l'ammoniaque dans le liquide. L'emploi des vapeurs d'ammoniaque ne paraît pas constituer une méthode aussi bonne que l'emploi de ce corps à l'état liquide; il est difficile, incertain, et l'on n'est jamais sûr, en opérant ainsi, d'avoir fait agir la quantité précisément convenable d'ammoniaque; c'est là un danger, car un excès de ce corps est très-nuisible à l'épreuve. D'un autre côté, l'action paraît insuffisante, et l'on n'obtient qu'un très-faible effet, à moins qu'on n'ajoute ensuite de l'ammoniaque à l'acide pyrogallique. La tendance que la couche montre à se détacher de la glace est environ la même dans les deux cas.

Le carbonate d'ammoniaque du commerce vaut mieux que l'ammoniaque liquide; car, employé dans la même proportion que celle-ci, il développe après une pose également courte, mais donne plus d'intensité et plus d'éclat à l'épreuve. Si l'on fait usage du carbonate d'ammoniaque, il faut le conserver en solution convenablement concentrée; si l'on se sert d'ammoniaque liquide, il suffit d'en préparer une solution étendue, en ajoutant une goutte d'alcali concentré du commerce dans 1 once ($31^{cc},09$) d'eau. Pour l'usage, les proportions les meilleures paraissent être de 1 grain

à 1½ grain (0^{gr},0647 à 0^{gr},0971) de carbonate, ou ¾ de
drachme à 1 drachme (2^{cc},71 à 3^{cc},88) de la solution
étendue d'ammoniaque, et de 1 grain (0^{gr},0647) d'a-
cide pyrogallique; on donne à ce mélange révélateur
un volume qui peut varier de 2 drachmes (7^{cc},76) à
1 once (31^{cc},09). En se maintenant dans ces limites,
on obtient des liquides révélateurs qui agissent tous
sensiblement de même sur le développement; cependant la rapidité parait croître avec la concentration.
Mais si l'on dépasse la concentration maxima que nous
venons d'indiquer, les parties transparentes du cliché
se voilent visiblement; au contraire, plus la concentration est faible, plus l'épreuve se montre brillante.

Les glaces doivent être mouillées à l'alcool étendu
de la façon déjà décrite pour le développement au sel
d'argent acide; lorsque l'eau distillée employée au
lavage coule librement à leur surface, on la reçoit
dans un verre, on la mélange avec la solution de carbonate d'ammoniaque, puis on la fait couler de nouveau et à plusieurs reprises sur la glace. Si le mélange
d'eau et d'alcool que l'on emploie s'est chargé, par
l'usage, en tannin, le mélange constitue de lui-même
un bon révélateur, et tous les détails se développent,
pourvu que l'exposition ait été suffisante; s'il n'en est
pas ainsi, on décante le liquide dans un verre, on lui
ajoute l'acide pyrogallique, et enfin on le verse de nouveau sur la glace; l'image se révèle alors dans tous ses
détails, elle monte de ton considérablement et paraît

supérieure aux clichés que fournit le tannin seul, clichés qui sont toujours plus pâles et plus rouges que ceux à l'acide pyrogallique.

La méthode suivante pour commencer le développement est peut-être meilleure, plus simple à coup sûr, mais elle implique une dépense plus grande d'alcool. Dissolvez 6 grains (0^{gr},388) de carbonate d'ammoniaque dans 2 ou $1\frac{1}{2}$ onces (77^{cc}, 7) d'eau distillée, et 1 once (31^{cc}, 09) d'alcool ayant environ 0,830 de densité. Ce liquide, conservé dans un flacon, sera désigné sous le n° 1. Sous le n° 2, désignez un mélange formé de 5 gouttes de la solution pyrogallique dans l'alcool (1), que vous avez versé dans 2 drachmes (7^{cc},76) du même alcool étendu que l'on a employé pour la dissolution du carbonate d'ammoniaque. Mesurez dans un verre la quantité de n° 1 suffisante pour couvrir la glace [2 drachmes (7^{cc},76) suffisent largement s'il s'agit d'une glace stéréoscopique], et dans un autre verre une quantité du n° 2 qui soit le quart de la première portion mesurée. Après avoir placé la glace sur un pied à caler, recouvrez-la de n° 1; ce liquide doit couler librement à sa surface, et d'autant mieux qu'il renferme plus d'alcool. Faites-l'y courir deux ou trois fois, puis attendez-en l'effet. Si vous avez fait usage d'une solution étendue de tannin, si surtout vous avez enlevé ce préservateur par le lavage, l'action révéla-

----

(1) *Voyez* p. 92.

trice sera très-faible; cependant, en général, et si l'exposition a été convenable, elle sera suffisante pour servir d'indication sur le mode de développement postérieur qu'il faut adopter. Décantez alors, mélangez avec le n° 2 et versez de suite le mélange sur la glace, en ayant soin d'opérer par le côté opposé à celui qui a servi à la décantation, de faire glisser le verre d'un bord à l'autre, et d'en tenir le pied loin de la glace, dans la crainte qu'une petite quantité de liquide malpropre ne s'en écoule et ne vienne tacher l'épreuve; agitez la glace vivement, de manière à faire écouler dans le verre, avant le mélange, tout le liquide qui la recouvrait encore; de cette façon, vous aurez sur toute la glace un développement bien régulier. Si les solutions de carbonate d'ammoniaque et d'acide pyrogallique ne renfermaient pas les mêmes proportions d'alcool, leur mélange ne coulerait pas librement sur la glace. Versez et décantez ce mélange deux ou trois fois, puis laissez la glace en repos, bien couverte de révélateur, et observez soigneusement l'effet que produit celui-ci.

Lorsqu'on développe plusieurs glaces à la fois, il faut, pour chacune, mélanger une quantité séparée de révélateur, sans quoi la première se développe mieux que les autres. On peut mélanger le carbonate d'ammoniaque et l'acide pyrogallique avant de commencer, mais il n'y a pas d'avantage à opérer ainsi, et le développement n'est pas plus rapide. Si l'on verse en premier l'acide pyrogallique seul, l'image reste faible même lorsqu'on la traite ensuite par le mélange des deux agents.

Si l'aspect de l'image indique que la pose n'a pas été exagérée, le révélateur alcalin peut être laissé quelque temps à son contact ; mais s'il se manifeste des symptômes de surexposition, il faut l'enlever et laver rapidement. Dans tous les cas, lorsque le développement par l'ammoniaque a été suffisamment prolongé, la glace, avant de subir le renforcement à l'argent, doit être lavée pendant quelques minutes sous un filet d'eau, puis rester quelques instants sur le pied à caler, après avoir été recouverte de ce liquide. Le développement est ensuite complété par l'action de l'acide pyrogallique et du nitrate d'argent acidulé ; les proportions relatives de ces deux réactifs doivent être calculées d'après l'aspect de l'image, exactement comme si le développement avait été commencé par le nitrate d'argent acide. En opérant ainsi, et en faisant varier le temps du contact de la glace avec le révélateur alcalin, on peut, dans une certaine mesure, corriger les défauts de la pose. Cependant, si par suite d'une exposition trop faible le révélateur alcalin ne développe pas suffisamment les détails, il n'y a pas de remède, et il paraît inutile de rejeter celui que l'on a employé pour le remplacer par une nouvelle quantité de liquide de même nature.

Le révélateur acide ne peut faire sortir aucun des

détails qui, dans l'opération précédente, ont été rebelles au développement, et par suite il n'est pas
nécessaire d'employer une solution pyrogallique concentrée. Mais si l'on commence par faire usage d'une
petite quantité de solution argentique ne contenant
que peu d'acide, les détails faibles, que le révélateur
alcalin n'a fait qu'indiquer, s'établissent solidement.
En lavant alors rapidement, et renforçant ensuite
avec une solution étendue d'acide pyrogallique et une
grande quantité de nitrate d'argent acidulé, on peut
aisément corriger une surexposition. On a essayé d'ap-
proprier le développement à la pose, en faisant varier
les proportions relatives d'acide pyrogallique et d'ammoniaque, mais cette manière de faire ne semble pas
réussir aussi bien que celle qui vient d'être exposée.
Pour éviter les voiles, lorsqu'il s'agit de paysage et
que le collodion est ioduré, il faut employer 4 grains
($0^{gr},258$) d'acide citrique par grain ($0^{gr},0647$) de nitrate d'argent ; car, dans cette méthode, cet accident
est aussi à redouter que si le développement avait eu
lieu au moyen de nitrate d'argent acidulé. Pour cette
raison aussi, les glaces, dans ce cas, doivent avoir été
préparées avec une solution de tannin aussi faible que
le comporte le procédé.

Lorsque l'exposition a été convenable, l'image se
révèle promptement sous l'influence de l'acide pyrogallique et de l'ammoniaque ; elle offre d'abord un ton
plus ou moins rouge, et son aspect est semblable à

celui des clichés développés au nitrate acide; bientôt
le ton se fonce en même temps que le liquide lui-même
se colore. Si la pose a été un peu insuffisante, le révélateur alcalin peut être laissé plusieurs heures en
contact avec la glace, sans qu'il se produise sur celle-
ci aucun voile, aucun dépôt, et sans qu'il s'y manifeste ces taches marbrées que, dans les mêmes circonstances, engendre le développement à l'argent. On
obtient alors une assez grande intensité, et la réduction de l'argent est si complète, que l'épreuve peut,
sans s'affaiblir beaucoup, supporter un fixage au cyanure étendu. Cette manière de faire ne s'applique pas
à l'emploi du collodion bromo-ioduré; avec celui-ci
on obtient, en quelques minutes, l'intensité que l'on
désire au moyen du nitrate d'argent acide; le résultat
est, du reste, meilleur. Avec le collodion bromuré, si
la pose a été convenable, le révélateur alcalin donne
souvent de lui-même une intensité suffisante (1); d'ail-

---

(1) Lorsque, pour le tirage des positives, on emploie des clichés
d'une faible intensité, il faut se servir de papier fortement salé, et
faire usage d'un procédé de virage qui réduise considérablement le
ton de l'épreuve. Dans tous les cas, il faut pousser les parties foncées
jusqu'à ce qu'elles atteignent un ton de bronze, ou à peu près; sans
cela l'épreuve manque de vigueur; de cette façon, si le cliché est
faible, ses portions les plus opaques ont le temps de s'imprimer pendant le temps que mettent les ombres à atteindre ce ton. En faisant
usage d'un procédé de virage capable de blanchir le positif d'une manière suffisante, on verra les lumières s'éclaircir, sans que les ombres s'affaiblissent outre mesure. C'est, à notre avis, la meilleure

leurs, on peut, si cela est nécessaire, le laisser agir pendant plusieurs heures, sans qu'il cause aucun accident ; les glaces n'exigent, dans ce cas, aucune surveillance.

Le caractère de l'épreuve dépend du point jusqu'auquel on pousse le développement alcalin, autant que de la composition du révélateur. Plus tôt on arrête l'action révélatrice, plus il y a d'acide dans le mélange, plus l'épreuve est brillante ; plus au contraire le développement est prolongé, moins il y a de nitrate acide dans le révélateur, plus l'épreuve est douce, et plus elle présente par réflexion ce ton couleur de cuir que nous avons signalé. Des épreuves surexposées ont une tendance à venir dures et d'un éclat exagéré : celles au contraire dont la pose a été insuffisante tendent à venir molles, sans éclat et sans oppositions ; la méthode de traitement que nous avons décrite plus haut est calculée de manière à fournir un bon résultat dans l'un et l'autre cas.

On peut avec le révélateur alcalin obtenir de bons clichés, avec une pose plus courte que si l'on avait opéré autrement. On peut, du reste, rapprocher jusqu'à un certain point la méthode ordinaire de déve-

---

manière de faire, car il est bien plus facile d'obtenir un bon cliché avec une faible qu'avec une grande intensité; en effet, les dégradations de teintes se trouvent le plus souvent altérées par le renforcement. Elle ne demande pas plus de temps qu'une autre, car les clichés faibles s'impriment très-vite.

loppement de la méthode à l'ammoniaque en employant d'abord une solution concentrée d'acide pyrogallique ne renfermant que peu d'argent et peu d'acide ; mais dans ces conditions, le révélateur argentifère se trouble bientôt sans motif apparent, même lorsqu'on l'emploie avec les plus grands soins : cette décomposition du nitrate d'argent peut-être due à bien des causes, par exemple à des poussières alcalines qui viendraient toucher sa surface. D'un autre côté, le révélateur alcalin marche d'une façon très-certaine, il n'exige que peu de soin ; il donne moins de taches et de comètes ; il ne forme pas dans la couche ces marques d'épaisseur variables qui, lorsqu'on emploie le développement à l'argent, viennent si souvent souiller l'épreuve. Un négatif dont on force la venue, après une courte exposition, au moyen d'une solution concentrée d'acide pyrogallique mélangée d'une petite quantité de nitrate et d'acide, s'altère ordinairement par suite de la formation d'un dépôt superficiel ; tandis que le révélateur ammoniacal qui ne contient pas d'argent ne produit rien de semblable (1). En outre, l'image une fois sortie, lorsque l'on en vient à renforcer, la production de dépôts est moins à craindre

---

(1) Si donc les sels d'argent sont *dans* la couche, l'image s'y trouvera également par ce mode de développement, et il ne se formera pas de taches. Dans quelques cas seulement, on voit se former un dépôt insignifiant dont il est difficile d'expliquer la cause.

que si l'on avait commencé le développement en présence du nitrate, surtout parce que l'on peut, dans le
premier cas, employer beaucoup plus de nitrate acide
que cela n'eût été possible dans le second. On peut
donc, par une courte pose, obtenir avec le révélateur
alcalin bien mieux qu'avec le révélateur acide des clichés qui réunissent la douceur et l'éclat.

Lorsque les détails se sont développés, on peut
ajouter au révélateur alcalin, sans crainte de le voir se
troubler, une faible trace de nitrate normal (sans doute
la quantité qui peut rester en solution à l'état d'am-
monio-nitrate). Les épreuves traitées de cette façon
ont une grande douceur, leur teinte est neutre, mais
elles ont peu d'intensité et sont recouvertes d'un léger
voile semblable à ceux qui recouvrent souvent les
épreuves développées par le fer, épreuves auxquelles
elles ressemblent d'ailleurs beaucoup. Cette manière
d'opérer ne paraît pas avoir de valeur pratique, cependant elle peut servir pour donner une douceur
artificielle aux sujets qui ne permettent qu'une courte
exposition.

Les principales précautions à prendre pour assurer
le succès du développement alcalin sont : 1° ne pas
employer une trop grande quantité d'ammoniaque ;
si l'on commettait cette faute, l'action serait trop violente, les grandes lumières se révéleraient de suite
avec une extrême intensité, mais les autres parties ne
feraient que se tacher d'une couleur brune uniforme ;

il ne faut plus ajouter d'ammoniaque lorsque le révélateur mélangé est sur la glace; 2° enlever par le lavage tout le liquide alcalin, avant de renforcer à l'argent. Si l'on oubliait ce lavage, l'épreuve serait entièrement altérée, la couche se soulèverait et se couvrirait de taches, par suite de l'action de l'alcali sur l'argent en solution; dans ce cas, on verrait apparaître sur toute la glace des ampoules d'un noir intense.

L'addition de l'ammoniaque dans le révélateur augmente la tendance de la couche à se détacher; mais si l'on n'ajoute que la quantité strictement nécessaire, le danger est insignifiant, et le traitement ne devient pas sensiblement plus difficile, surtout si l'on a employé une couche préalable de gélatine. Une légère couche de gélatine convient très-bien dans ce cas, mais la meilleure marche à suivre est peut-être d'appliquer sur les bords seulement de la glace une couche de gélatine ordinaire, et de recouvrir le tout d'une couche mince de la solution de caoutchouc et d'ambre. En opérant ainsi, le collodion restera en général ferme sur la glace dans tout le cours du traitement, surtout si le tannin a été lavé avant dessiccation. Si le collodion dont on fait usage causait des mécomptes de ce genre et donnait des couches grises qui se détachent aisément, il faudrait employer un révélateur plus faible et éviter avec soin la plus petite trace d'acide.

Le développement à l'ammoniaque, pratiqué comme

il vient d'être indiqué, est plus certain que le développement au nitrate acide; il exige moins de soins, la seule opération nouvelle qu'il nécessite est le lavage du négatif avant le renforcement; il convient surtout pour le collodion bromuré. On peut quelquefois développer avec succès par ce moyen des glaces au tannin qui ont été sensibilisées dans des bains purs et neutres, même si le collodion était neutre et ne renfermait pas de bromure; mais, en général, il vaut mieux sensibiliser en présence d'une trace d'acide. Sans doute cette manière de faire réussirait également bien avec tous les autres procédés à sec dans lesquels la couche ne renferme ni acide, ni azotate d'argent libre. Les glaces au collodion albuminé et celles à la gélatine se développent très-bien de cette façon, et la pose peut alors être plus courte que de coutume.

On a essayé d'ajouter un peu d'ammoniaque à la solution de tannin avant d'en faire usage pour la préparation des glaces. On évite ainsi, en neutralisant la réaction acide du tannin, la tendance que la couche manifeste à se détacher pendant le développement à l'ammoniaque, et l'on obtient; en même temps, une légère augmentation de sensibilité. L'ammoniaque doit alors être employée en quantité tellement faible, qu'elle ne communique, en quelque temps, aucune coloration au liquide, et il faut avoir soin que le collodion ou le bain sensibilisateur soient légèrement acides. Mais la pratique de cette méthode est tellement incertaine, que l'on ne saurait la recommander. En effet, il est difficile de préciser à priori les quantités convenables d'ammoniaque; si l'on en met trop peu, on ne gagne rien en sensibilité; si l'on en met trop, on produit des voiles; il vaut bien mieux, pour faire disparaître l'acidité due à la présence du tannin, enlever celui-ci par les lavages. On a essayé, dans le même but, la potasse, le bicarbonate de potasse et la craie, mais aucun de ces corps ne vaut même l'ammoniaque; tous produisent des voiles, et les deux derniers surtout rendent la couche bien plus facile à détacher. On a essayé également d'employer, dans l'acide pyrogallique, la potasse à la place de l'ammoniaque; mais, du moment où l'on ajoute une quantité suffisante de cet alcali, il se produit des voiles.

Les épreuves qui ont été développées à l'ammoniaque et poussées jusqu'à ce que l'image commence à paraître intense par réflexion peuvent alors être lavées et fixées avec une solution faible de cyanure; si le développement n'a pas été poussé trop loin, l'image disparaît ainsi, ou du moins reste à peine visible; on lave de nouveau, pour éviter la formation de taches, puis on recommence le développement avec l'acide pyrogallique et le nitrate d'argent acide; l'image prend alors aisément de l'intensité. Si la pose, ou si l'action première du révélateur ont été un peu prolongées, on ne perd rien des demi-teintes en opérant de cette façon; aussi cette méthode semble-t-elle devoir être fort utile pour la reproduction d'épreuves ou d'autres sujets. Nous avons ainsi obtenu les clichés les plus brillants, les plus exempts de tout dépôt qu'il ait jamais été donné de voir. Le temps de pose et le point jusqu'auquel il faut pousser le développement à l'ammoniaque doivent être déterminés par le genre du cliché que l'on veut obtenir. Une pose longue et un développement prolongé avec l'ammoniaque préservent les demi-teintes, et donnent à l'épreuve un aspect brillant. Si, au contraire, le développement alcalin est arrêté trop tôt, l'épreuve ne peut plus revenir au développement, surtout si le cyanure a été employé assez concentré. Certains sujets, riches en oppositions, peuvent, avec des soins, être parfaitement rendus de cette manière ; la pose doit être un peu prolongée afin de réserver les demi-teintes, mais le premier développement ne doit pas être poussé trop loin. Cette manière d'opérer est très-délicate, elle ne réussit qu'avec les soins les plus judicieux ; elle peut servir cependant, car dans certains cas les résultats qu'elle fournit sont supérieurs à ceux que pourrait donner toute autre méthode. Il faut, dans ce cas, après avoir bordé la glace de gélatine et recouvert celle-ci d'une couche de caoutchouc, protéger encore la gélatine contre l'action du cyanure en peignant les bords secs de la couche avec une solution faible de caoutchouc.

L'action de l'ammoniaque et de l'acide pyrogallique est très-intéressante au point de vue théorique ;

11.

une étude attentive de ce phénomène, rendu plus simple par l'absence du nitratre d'argent, ne peut manquer de jeter un certain jour sur la nature de l'impression invisible et du développement. En comparant les changements si semblables de couleur qui se produisent d'une part entre le liquide révélateur et l'image, d'une autre le nitrate d'argent et l'acide pyrogallique, il paraît probable que le rôle du nitrate dans les premiers moments du développement ordinaire est surtout, sinon complétement, de décomposer l'acide pyrogallique ; on sait depuis longtemps que l'acide pyrogallique conservé longtemps en solution et dont la coloration indique une décomposition partielle a moins d'énergie qu'une solution fraîche pour développer des couches faiblement impressionnées, quoique cependant il n'ait pas perdu la faculté de réduire le nitrate d'argent, et qu'il puisse encore servir à renforcer une épreuve développée ; à ce moment, la première phase de sa décomposition, qui est toujours la plus énergique pour le développement des impressions lumineuses faibles, se trouve accomplie.

Une expérience que nous avons faite dans le but de déterminer la sensibilité relative du bromure et de l'iodure d'argent purs et desséchés semble faire croire que le bromure est attaqué plus rapidement par la lumière que l'iodure, et que le premier, après avoir subi l'influence lumineuse, peut, pendant le développement, entraîner la décomposition des autres combinaisons d'argent que l'on met en contact avec lui. Les deux sels d'argent ont été préparés en présence d'un excès de nitrate d'argent, bien lavés à l'eau distillée, puis traités successivement par le chlorure de sodium, l'ammoniaque et l'acide nitrique concentrés; un lavage soigné a été pratiqué entre chaque traitement. Chacun des deux sels a été alors étendu à l'état humide sur une glace, séché, puis partiellement recouvert d'une bande de papier noir de façon que la décomposition due à la lumière pût être distinguée de celle due à toute autre cause; après une courte exposition à la lumière diffuse, l'un et l'autre furent recueillis dans une solution mélangée d'acide pyrogallique et de carbonate d'ammoniaque.

Le bromure, quoiqu'il se fût rapidement impressionné par la lumière, ne put, au développement, dépasser une couleur brun-rougeâtre. Un mélange de bromure et d'iodure parut avoir à peu près la même sensibilité que le bromure, le développement lui donna une coloration presque noire. Le bromure s'étant coloré le premier, il semble probable que c'est sur ce composé argentique que la lumière avait porté son action; l'iodure seul ne subit aucun changement de couleur. Employé dans le collodion, le bromure est non-seulement très-sensible, mais encore il donne, avec le révélateur alcalin, une grande intensité; cependant les conditions sont alors différentes, car l'on sait que le bromure employé en grande proportion donne avec le collodion une combinaison transparente. En traitant par l'acide nitrique le bromure coloré, de même que le mélange d'iodure et de bromure, on leur rend leur aspect primitif, mais le cyanure de potassium n'a aucune action sur la surface noircie.

On peut démontrer de la manière suivante qu'en présence des impressions lumineuses faibles, la décomposition de l'acide pyrogallique par l'ammoniaque a plus d'effet que celle produite par le nitrate d'argent. Lorsque l'on emploie le nitrate d'argent, il faut l'additionner d'un acide, sans doute pour en prévenir la réduction, et pour limiter, au moins pour un temps, son action à la décomposition de l'acide pyrogallique; en même temps cet acide exerce sur le développement une action restrictive.

On ne saurait affirmer d'une manière certaine que l'effet du révélateur alcalin dépende uniquement de la décomposition de l'acide pyrogallique par l'ammoniaque; on ne peut pas non plus démontrer de quelle manière ces deux agents affectent les sels d'argent impressionnés : mais, quoi qu'il en soit, les résultats sont tels, que l'on peut affirmer que la présence du nitrate d'argent libre n'est pas une condition nécessaire du développement.

Nous avons développé au sel de fer, après les avoir lavées, des glaces au tannin qui n'avaient subi que de courtes poses, mais cette méthode paraît fort peu con-

stante. La plus petite trace de tannin non enlevée
par le lavage forme de l'encre, et par suite cette méthode de développement ne semble pas convenir dans
le cas actuel.

Nous avons essayé les développements à l'eau chaude
et au nitrate chaud, mais les résultats n'ont pas été
encourageants. On peut, il est vrai, forcer de cette
manière une glace qui a peu posé, mais plusieurs
motifs rendent fort difficile la conduite de l'opération,
et l'on produit presque toujours des voiles ; en outre
le renforcement est toujours difficile, et l'image reste
entièrement superficielle : aussi suffit-il de poser le
doigt sur la couche lorsqu'elle est sèche, pour enlever
toute l'image à l'exception du ciel et des grandes lumières. Cette particularité, on peut le dire, n'est guère
favorable à l'obtention de résultats supérieurs. Le
développement au moyen des liquides chauds augmente
encore la tendance de la couche à se détacher de la
glace ; on peut éviter cet inconvénient au moyen d'une
couche préalable de caoutchouc dont l'adhérence est
plus grande encore au contact d'un liquide bouillant
qu'en présence de solutions froides.

Il est très-important de nettoyer parfaitement avant
de commencer l'opération le verre à développer et la
baguette au moyen de laquelle on laisse couler le révélateur sur la glace. Dans ce but, faites une solution
d'environ 20 grains (1^{gr},280) d'un iodure soluble
quelconque par once (31^{cc},09) d'eau, et saturez-la

d'iode autant qu'elle en peut dissoudre. La concentration exacte n'a pas d'importance, mais la solution doit avoir la couleur du vin de Porto foncé. Conservez de cette solution environ 1 pinte (0^{lit},567) dans un flacon, puis après le développement remplissez de ce liquide le verre où se trouve la baguette et versez-le ensuite dans un verre semblable, en ayant soin de nettoyer le bec du verre en l'y plongeant plusieurs fois, puis replacez le liquide dans son flacon. Laissez alors les verres en repos jusqu'à ce que vous en ayez besoin, et rincez-les avec de l'eau en les frottant avec le doigt. Il n'est pas indispensable que toute trace de dépôt disparaisse, car l'argent se trouve alors converti en iodure qui est inactif, et n'exerce pas plus d'effet que celui que renferme la couche dans les parties non frappées par la lumière. Ce liquide vaut mieux et agit plus efficacement que le cyanure ou l'acide nitrique, car avec ces deux composés toute portion de dépôt non enlevée agit encore sur le révélateur.

La supériorité d'énergie et de pénétration que possède cette solution peut être mise en évidence en plongeant dans l'acide nitrique ou le cyanure le bec d'un entonnoir en gutta-percha qui, par un long usage, se trouve taché de nitrate d'argent réduit. Aucun effet sensible ne se manifestera immédiatement; mais si on le plonge dans la solution iodurée, les taches foncées prendront rapidement une teinte jaune. Cette solution peut, en quelques minutes, purifier si complétement les cuvettes en gutta-percha salies par l'argent, que l'on y peut ensuite développer des clichés sur papier avec autant de propreté que dans une cuvette neuve en verre. Il faut éviter avec beaucoup de soin que la solution iodurée ne vienne toucher les glaces sensibilisées. Une trace de ce liquide ne peut faire aucun mal dans le verre où l'on reçoit le mélange révélateur ; mais ce verre et la baguette doivent être, après son action, soigneusement rincés avant de servir à étendre l'eau sur les glaces avant le développement. Cette solution tache la peau lorsqu'elle est concentrée ; elle peut cependant être employée à enlever des doigts l'argent réduit, car son application facilite considérablement l'action subséquente du cyanure, qui enlève ensuite rapidement et l'argent et l'iode. On doit ajouter un peu d'iodure et d'iode à la solution lorsque sa couleur pâlit, ce qui indique que par un long usage elle s'est affaiblie.

Lorsque le développement est complet, lavez jusqu'à ce que toute apparence huileuse ait disparu ; car si les glaces étaient placées dans l'hyposulfite alors qu'elles portent encore ces lignes, celles-ci seraient visibles plus tard jusqu'à un certain point, dans ce procédé aussi bien que dans tous les autres procédés au collodion. Si l'on a employé la gélatine, la couche, se trouvant amalgamée avec une sorte de cuir, est tellement solide, qu'elle peut supporter un courant d'eau vigoureux. Si même en quelque point elle se trouve déchirée, l'eau ne pourra pénétrer entre la glace et elle.

On peut employer le cyanure pour le fixage, mais comme ce corps donne à la couche une grande tendance à se détacher, il faut, en général, préférer l'hyposulfite, à moins que la glace ne doive, après fixage, subir un nouveau développement : le cyanure convient mieux alors, parce que le lavage l'enlève complétement. La concentration de l'hyposulfite n'a pas d'importance, mais il n'est pas nécessaire qu'il soit très-concentré, car le fixage est, dans ce procédé, plus facile et plus rapide que dans tout autre. Si le collodion est d'une nature telle, que l'image se trouve dans la couche et non à la surface, un hyposulfite concentré n'exercera pas beaucoup d'influence sur l'intensité.

Dans ce procédé, comme dans beaucoup d'autres procédés à sec, l'épreuve se soulève quelquefois un peu pendant le lavage final, lorsque la glace a été recouverte de gélatine ; cet accident se produit plus volontiers avec les collodions vieux et à couche pulvérulente qu'avec les collodions neufs et à couche poreuse. Un léger soulèvement à ce moment des opérations influe rarement sur le cliché, car, en séchant, le collodion redevient adhérent à la glace ; néanmoins il vaut mieux tâcher qu'il en soit autrement. La similitude d'aspect des couches ainsi soulevées et des couches de collodion albuminé qui ont subi l'action d'un liquide fortement alcalin nous a fait penser que ce

résultat dépend le plus souvent de l'influence dissolvante qu'exerce le collodion sur l'hyposulfite de soude.
Il semble en effet que ce soit là la cause ; le soulèvement des couches se produit sur les glaces sèches surtout lorsque l'hyposulfite est neuf et concentré ; souvent même, dans ces circonstances, il se manifeste sur
des glaces humides. On peut éviter cet inconvénient
ou du moins en diminuer beaucoup l'importance en
opérant de la manière suivante : Mélangez dans un
grand verre ou dans une terrine une once ou deux
(31^{cc},09 à 62^{cc},18) de collodion normal avec une
pinte (0^{lit},567) d'hyposulfite concentré (le dépôt épais
qui se forme au fond du flacon à collodion convient
très-bien pour cet objet) ; placez au bain-marie, et
faites bouillir sur le feu, en agitant avec une baguette,
jusqu'à ce que tout l'alcool et l'éther soient chassés, et
que le collodion se soit précipité à l'état de flocons non
cohérents ; si pendant l'ébullition la liqueur n'était
pas agitée, le collodion se réunirait en une croûte
épaisse à la surface. La solution refroidie et bien
remuée est versée dans un flacon ; le dépôt floconneux
se précipite au fond, et le liquide qui le surnage est
parfaitement clair ; dans cet état il n'exerce plus aucune action dissolvante sur la couche de collodion (1).
Si l'on a soin de décanter toujours dans le flacon les

---

(1) Nous avons employé pendant longtemps et avec apparence de
ccès un hyposulfite préparé de cette façon ; mais nous n'avons pas

portions qui ont servi au fixage, une petite quantité
de ce bain peut suffire pour un temps très-long. Si,
malgré cette précaution, il se produisait un léger soulèvement, il faudrait, lorsque le cliché paraît bon,
finir le lavage en plaçant la glace sur un pied à caler,
et l'y laissant pendant quelque temps recouverte d'eau
distillée, afin d'enlever autant que possible les matières solubles dont la couche peut être recouverte,
car, faute d'agir ainsi, ces matières se reconnaîtraient
ensuite à la surface de la glace sèche.

Si l'exposition a été bonne, ou du moins si elle a été
renfermée dans des limites convenables, si le développement a été bien conduit, le cliché, soit qu'on ait
employé le nitrate acide, soit qu'on ait fait usage d'a-
cide pyrogallique et d'ammoniaque, possède, une fois
terminé, l'aspect d'une épreuve sur collodion, et ressemble à un cliché obtenu par le procédé humide.
Mais les détails y sont plus parfaits, ainsi que cela a
lieu pour le procédé à l'albumine, et ainsi que pouvait
le laisser prévoir ce fait que le dessin est formé sur
une surface douce et polie, et non pas sur une matière
élastique, spongieuse, à surface souvent irrégulière,
qui se contracte ensuite et ne prend de poli que par
la dessiccation. La plus grande partie de la couche paraît, à la lumière réfléchie, d'une couleur brun-jau-

---

précisé par des expérience comparatives les avantages que peuvent
présenter les solutions de ce genre.

nâtre; pourtant, il n'en est pas ainsi du ciel et des grands blancs qui sont d'une teinte foncée, et des grandes ombres qui sont transparentes et se détachent en noir, lorsqu'on place un objet de couleur foncée derrière la glace. Cependant, avec les sujets ordinaires, cette transparence est toujours limitée à quelques points. En regardant la glace par transparence, l'image se montre brillante et vigoureuse, quoique douce et riche en demi-teintes. Si le ciel et les grands blancs sont solarisés, leur teinte est d'un rouge pourpre foncé qui, pendant le tirage des positives, arrête les rayons lumineux beaucoup mieux que les solarisations pâles que fournissent les autres procédés. Les parties qui semblent presque noires et opaques à la lumière diffuse apparaissent en réalité transparentes, lorsqu'on approche la glace de la lumière d'une lampe ou d'une bougie. Regardées de cette façon elles produisent l'effet de taches foncées, transparentes, n'offrant pas traces de granulations, et laissant apercevoir tous les détails du dessin. C'est seulement par le procédé humide, lorsque le bain et le collodion sont en bon état, que l'on peut obtenir des clichés de cette sorte; mais comme les glaces au tannin sont moins que les autres influencées par l'état du collodion, c'est avec une certitude plus grande qu'elles fournissent ces résultats (1).

---

(1) Les détails dans les ombres sont toujours légèrement visibles

Il n'est aucun procédé qui expose moins que celui-ci à la production des voiles ou des taches. Les voiles ne se montrent que si le bain est alcalin ou impur, ou si, étant neutre, il a servi à sensibiliser un collodion incolore, ou si la lumière a touché la glace, ou, si, pendant le développement alcalin, on a employé trop d'ammoniaque. Les taches, si tout le nitrate d'argent a été enlevé (1), ne se produisent que difficilement, lors même qu'on a laissé jaillir des impuretés sur la couche, ou lorsque le développement a été commencé avec un verre sale, ou lorsqu'on a mélangé l'acide pyrogallique et le nitrate acide sur la glace même.

Si quelque dépôt paraît à la surface de la couche, lorsque celle-ci est presque sèche, il faut l'enlever avec un pinceau d'édredon qui expose la surface à moins d'accidents qu'un tampon de coton ou le pinceau de poils le plus fin. Cet édredon se trouve dans les habits, les couvrepieds qu'il sert à doubler ou à remplir. Pour faire un pinceau de ce genre, choisissez les plus

---

sur les glaces au tannin, même lorsque, par suite d'une exposition insuffisante, l'épreuve ne peut servir à l'impression positive.

(1) Quand on a laissé dans la couche une petite proportion de nitrate, on voit quelquefois apparaître pendant le développement, près des bords et parallèlement à ceux-ci, des taches sous la forme de lignes fines qui se dirigent vers le coin par lequel a eu lieu l'égouttage de la glace après l'application du tannin. Lorsqu'on croit que le lavage n'a pas été assez prolongé, le meilleur moyen d'éviter les taches est de ne point reverser la solution de tannin sur la glace, et de la rejeter après son premier contact avec celle-ci.

grandes plumes, cherchez dans chacune d'elles le petit bout de tuyau par lequel elle se trouvait attachée à la peau, réunissez cinq ou six de ces bouts, et faites-en un petit pinceau en les réunissant et les tordant entre les doigts avec une petite quantité de caoutchouc dissous dans l'essence de térébenthine ou de toute autre substance agglutinative. Préparez un assez grand nombre de petits pinceaux semblables pour qu'une fois assemblés ils aient la grosseur d'une noix. Réunissez alors les bouts collés, et faites-les pénétrer dans le tuyau d'une plume de poulet coupée à son extrémité et fendue en deux ou trois endroits ; serrez ensuite le tout avec un fil ciré. Les pinceaux de ce genre ne sont pas toujours nécessaires pour enlever des dépôts à la surface de la couche, mais il est toujours utile d'en faire usage avant de vernir pour enlever la poussière, et si on les emploie avec légèreté, ils n'attaquent jamais la couche.

Un petit doigtier de velours fin peut également être employé pour enlever ce dépôt ; cependant on ne réussit pas aussi bien par ce moyen qu'avec le pinceau d'édredon. Mais ce qui convient mieux encore, c'est un morceau épais d'amadou dont on utilise la surface unie ; il faut, pendant qu'on l'emploie, l'essuyer à plusieurs reprises sur une étoffe de laine pour le débarrasser au fur et à mesure des substances qu'il enlève à la couche.

La couche, lorsqu'elle repose sur gélatine, ne se

fendille et ne se détache jamais par dessiccation, à
moins qu'on n'ait employé le cyanure comme agent
fixateur; cet effet est connu. Le détachement de la
couche, après développement, ne se produit en somme
que très-rarement dans ce procédé. Si cependant le
collodion était de telle nature, qu'il exposât à cet accident (aussi bien avec tout autre procédé qu'avec celui-
ci), on éviterait les inconvénients qui en résultent,
en prenant la précaution de verser sur la couche après
fixage et lavage, mais avant dessiccation, une solution
de gélatine ou d'albumine.

Avant de vernir, séchez les glaces à la chaleur artificielle; puis, lorsqu'elles sont parfaitement refroidies, vernissez-les. Dans la plupart des cas, lorsqu'on
voit des négatifs se craqueler, c'est qu'ils ont été vernis alors qu'ils étaient encore humides. Lorsque le
vernissage est terminé, maintenez les glaces sous la
plus haute température que puisse produire le soleil,
jusqu'à ce que le vernis cesse d'être mou et poisseux à
cette température; de cette façon vous empêcherez son
adhérence au papier pendant le tirage.

CHAPITRE VI.

ÉPREUVES POSITIVES PAR TRANSPARENCE.

———

Les glaces sèches préparées au tannin donnent de très-bons résultats lorsqu'on les emploie pour tirer, par superposition, des positives par transparence. L'action du tannin et de l'acide pyrogallique tend à produire une couleur rouge foncé, et l'acide citrique donne un ton bleu; par suite, en variant la proportion de celui-ci, on peut obtenir un grand nombre de teintes variant entre la teinte neutre presque pure et les différents tons du pourpre; une des plus agréables et qu'il est difficile de définir ressemble à la sépia; elle est très-chaude et très-brillante.

L'acide gallique, si on l'emploie pendant le développement, donne une teinte verte, de telle sorte que si on désire un ton brun, on peut le produire en employant d'abord l'acide gallique, puis l'acide pyrogallique. Cette méthode cependant ne saurait être appliquée avec succès que lorsqu'on a employé une solution faible de tannin ne contenant pas plus de 10 grains (0^{gr},647) par once (31^{cc},09) et que le cliché est très-peu vigoureux; dans tout autre cas, on verrait des taches se produire dans les parties foncées de l'épreuve positive. (*Voir* la note de la page 107).

Les glaces préparées de la façon décrite dans les pages précédentes sont trop sensibles pour les employer à cette préparation sous la lumière directe du jour, à moins que le cliché ne soit assez intense. Quelques intants avant le coucher du soleil, une exposition d'une seconde est très-suffisante si le cliché est d'une intensité convenable. On peut cependant les employer, en exposant horizontalement sur une table, dans une chambre située au nord, et en prenant bien soin d'intercepter les rayons directs du soleil avant de découvrir le cliché. Les vieux collodions conviennent mieux que les neufs lorsqu'on opère sous une lumière forte, car ils donnent une couche moins sensible ; mais leur emploi offre quelques chances d'altération, lorsque leur surface, comparativement molle et poreuse, vient, par la pression, s'appuyer contre le cliché.

On peut les améliorer, à ce point de vue, en leur ajoutant un peu de benzine ; celle-ci commence par précipiter la pyroxyline à l'état gélatineux, mais on redissout le précipité par l'agitation. Il faut employer environ dix gouttes par once (31^{cc},10), mais on en peut mettre autant que le collodion peut en supporter sans prendre une trop grande imperméabilité ; si l'addition était trop forte, le collodion repousserait l'eau comme fait la gutta-percha. On peut ajouter dans le flacon quelques fragments de caoutchouc; les collodions traités de cette façon marchent bien et en général n'ont pas besoin de reposer sur une couche préalable.

La solution de tannin destinée à la préparation des glaces peut varier comme on le désire et s'élever jusqu'à la concentration de 3o grains (1^{gr},941) par once (31^{cc},10). Avec un collodion corné, on obtient ainsi une couche très-dure, peu susceptible de s'altérer pendant le tirage, et qui fournit des positives vigoureuses et d'un ton très-riche. Il faut, dans ce cas, employer pour le développement environ 4 grains (0^{gr},258) d'acide citrique par grain (0^{gr},064) d'argent; sans cette précaution, le ton serait trop rouge, il y aurait danger de taches et de dépôts, surtout si le négatif est intense.

Pour modifier légèrement la couleur, on peut substituer partiellement l'acide acétique à l'acide citrique. Les proportions d'acide et d'argent ajoutées au révélateur doivent être assez fortes pour empêcher que les parties colorées du positif ne prennent des tons rouges; il faut les déterminer d'après l'intensité du cliché. Lorsque celle-ci est considérable, il faut, à chaque goutte de la solution alcoolique d'acide pyrogallique, ajouter 10 à 12 gouttes de la solution formée de 4o grains (2^{gr},588) d'acide citrique et de 10 grains (0^{gr},647) de nitrate par once (31^{cc},10); l'exposition doit d'ailleurs être suffisamment prolongée pour que, dans ces conditions, les demi-teintes puissent se développer.

Il est fort difficile d'obtenir de bons résultats en opérant, pour le tirage, sous la lumière directe, car l'intensité de celle-ci est très-variable. A la vérité, on peut, en suivant pour le développement la marche recommandée pour les négatifs, corriger, dans certaines limites, les effets d'une exposition ou trop courte ou trop longue; mais il est à peine nécessaire de prendre ce soin, car l'intensité de la couleur varie avec la nature du révélateur qui convient au temps de pose. Par exemple, une épreuve, bonne d'ailleurs de tous points, mais trop posée, présente, après un développement avec le nitrate d'argent acidulé et une petite quantité d'acide pyrogallique, un ton noir d'encre et d'une trop grande froideur. La meilleure manière d'opérer consiste à déterminer par l'expérience un temps de pose et une proportion de révélateur qui, pour le cas spécial de chaque cliché, produisent l'intensité et la coloration désirées, et à employer alors du premier coup ce révélateur dans toute sa concentration; de cette manière le développement devient très-rapide, et si l'on a employé, à une distance calculée, une lumière artificielle uniforme, on obtient avec certitude d'excellents résultats. Les glaces préparées ainsi, d'après la méthode exposée pour les négatifs, conviennent parfaitement, grâce à leur sensibilité, au tirage par la lumière artificielle.

Les glaces au tannin n'ont pas besoin d'être virées à l'or, et non-seulement elles ont l'avantage de produire de très-belles couleurs, mais elles permettent d'employer des clichés beaucoup plus intenses que ne comportent les autres procédés à sec. Un cliché assez intense pour donner, par les méthodes ordinaires, de la solarisation, avec des lignes dures et arrêtées, fournit, si l'on emploie des glaces au tannin, des positives douces, dont le seul défaut est un ton trop rouge dans les parties foncées. Cette coloration rouge peut être neutralisée en employant plus d'acide dans le révélateur, et le résultat est alors bon, à cela près que les parties les plus éclairées restent un peu froides. On peut ainsi, par un ménagement judicieux de la pose et du développement, se rendre maître de ces différences de couleurs et obtenir encore des effets qui, dans certains cas, ne sont pas désagréables. Pour obtenir dans les ombres comme dans les clairs une couleur uniforme, il est bon d'employer un cliché d'une moins grande intensité.

L'ammoniaque et l'acide pyrogallique peuvent être employés pour développer les positives par transparence; cette manière de faire convient surtout lorsque le cliché est intense, et qu'on emploie le fixage au cyanure avant de reprendre le développement, d'après la méthode que nous avons décrite. L'exposition doit être assez longue pour éviter la perte des demi-teintes; on obtient ainsi une coloration excellente, et, lors même que le cliché est assez intense pour pouvoir tirer sur papier, la teinte est d'une grande uniformité, et l'on ne voit se produire aucune teinte rouge dans les ombres.

Le procédé au tannin, en permettant l'emploi des collodions difficiles à déchirer, fournit des négatifs qui conviennent mieux que tous autres au tirage des positives par transparence. Ces clichés, lorsqu'on a employé la gélatine, sont, en quelque sorte, plus durables que les clichés au collodion humide, car la gélatine rend la couche inférieure plus solide et plus adhérente au verre; cependant leur surface n'est pas tellement dure, qu'elle puisse être conservée sans aucun agent protecteur, ainsi que cela a lieu pour l'albumine, et, par suite, il est nécessaire de les recouvrir d'un vernis quelconque.

CHAPITRE VII.

REMARQUES SUR LES PROCÉDÉS A SEC.

Nous joindrons ici quelques remarques sur les qualités et les défauts des meilleurs procédés à sec connus.

Les glaces couvertes de collodion, puis simplement sensibilisées, lavées et séchées, ne donnent de bons résultats que si le collodion ou le bain se trouvent dans des conditions tout à fait spéciales. L'addition de la résine constitue un perfectionnement, mais elle ne réussit qu'avec certaines variétés de collodion. Dans l'un et l'autre cas, le développement est généralement faible et mauvais. Pour le procédé à la résine, on recommande, en général, un collodion surioduré, qui fournit une surface presque uniquement composée d'iodure d'argent ; mais, pour bien des raisons, cette recommandation est mauvaise. Cependant le collodion additionné de résine, comme il vient d'être dit, réussit bien, lorsqu'on le recouvre d'une couche mince de tannin. Une expérience simple permet d'apprécier les mérites comparatifs du tannin et de la résine. Préparez quatre glaces avec du collodion que vous avez laissé à l'état ordinaire pour la préparation des n°s 1 et 3, et auquel vous avez ajouté de la résine pour les n°s 2 et 4. Après

13

avoir enlevé le nitrate libre par le lavage, laissez sécher les n°s 1 et 2, couvrez de tannin les n°s 3 et 4 ; enlevez ce tannin par le lavage, puis laissez sécher comme ci-dessus ; exposez sous une lumière uniforme et développez les quatre glaces avec le même révélateur.

Les procédés à la gélatine et à la métagélatine sont simples, se développent avec une grande propreté et peuvent donner d'excellents résultats. L'objection qui peut leur être adressée est leur tendance à donner des ampoules ; cette particularité rend difficile la préparation d'un collodion suffisamment adhérent au verre, produisant une couche uniforme sans taches pommelées, et jouissant en même temps d'une sensibilité convenable. Des proportions différentes d'éther et d'alcool dans le même collodion produisent soit des ampoules, soit des taches, et la marge est si petite, qu'il n'est pas rare de voir les glaces, pour peu qu'elles soient grandes, se recouvrir d'ampoules à la partie supérieure, parce qu'il y a trop d'éther et de taches pommelées près des bords inférieurs, parce que là il y en a trop peu. Quand bien même, grâce aux méthodes que nous venons d'indiquer, on aurait pu obtenir une adhérence suffisante pour qu'on pût employer un collodion sensible, le développement serait lent néanmoins, et l'on obtiendrait une valeur de tons moindre que lorsque la couche est couverte de tannin. Si le collodion est d'une nature telle, qu'il possède une grande sensibilité après avoir été recouvert de gélatine, on ne peut obtenir ainsi une intensité suffisante; si on force le développement avec le nitrate d'argent, l'image prend un ton uniforme, et les demi-teintes deviennent presque aussi foncées que les grandes lumières. Nous décrirons une méthode qui permet d'éviter ces inconvénients, en combinant l'emploi du tannin avec celui de la gélatine.

Le procédé au collodion albuminé fournit avec assez de certitude d'excellents résultats, mais il exige beaucoup de travail et il est sujet aux mêmes objections que le procédé à la gélatine, quoiqu'à un moindre degré. La sensibilité de la préparation est, moins que dans celui-ci, influencée par l'emploi d'un collodion pulvérulent; l'épreuve est moins apte également à se couvrir de marbrures, surtout si l'on a employé de l'albumine concentrée. Cependant, même dans ce procédé, si l'on ajoute au collodion un peu trop d'éther dans le but d'éviter les marbrures, lorsque celui qu'il renfermait s'est évaporé, on s'expose à produire des ampoules, quoique toutes les phases précédentes de l'opération aient été soigneusement parcourues. Une des plus grandes objections que l'on peut faire à ce procédé, est la difficulté d'obtenir une étente parfaite de la couche d'albumine, par suite des grumeaux gélatineux et des filaments que renferme le liquide filtré. On peut compter encore la difficulté que présente la filtration de l'albumine, si elle est concentrée, et sa tendance à former de petites bulles qui adhèrent énergiquement à la couche. Ces difficultés peuvent être évitées par une bonne manipulation, mais l'étente de l'albumine seule, pour être faite avec soin, exige plus de temps qu'il n'en faut pour étendre et la gélatine et le tannin, dans le procédé basé sur l'emploi de celui-ci.

On peut reprocher, en outre, au procédé sur collodion albuminé la facilité avec laquelle la surface de l'albumine se recouvre de taches dans le bain d'argent. On les évite, en général, en ayant soin de ne rien ajouter à l'albumine qui puisse la rendre plus absorbante, et de sécher la couche fortement, à la chaleur artificielle, avant la seconde sensibilisation, mais cette dernière précaution rend le développement lent et pénible. Si l'on ajoute à l'albumine du sucre, de la mélasse ou du nitrate de magnésie, le développement est facilité, mais la tendance à former des taches, par suite de la nature poreuse de la couche, est tellement augmentée, que dans certains cas il est extrêmement difficile de les éviter. Lorsqu'on plonge dans le bain de nitrate une surface poreuse quelconque, il y a de grandes chances de la voir se tacher, et l'importance de cette altération varie avec le degré de porosité et l'état du bain.

L'albumine, en altérant le bain, tend à y faire naître au bout de quelque temps une écume qui, dans certains cas, apparaît peu de temps après la filtration; la décoloration du bain n'en empêche pas la production. Dans une semblable solution, le collodion se tache difficilement, parce que cette sorte d'écume ne peut adhérer à la couche par suite de l'action répulsive de l'éther, et se trouve ramenée à la surface du liquide, sans doute par suite de la faible densité de ce liquide; lorsque le bain a absorbé beaucoup d'éther ou d'alcool, il y a moins de répulsion entre le collodion et le liquide au moment de la première immersion, et les taches ont alors plus de chance de se produire.

Le procédé au tannin donne de meilleurs résultats que le collodion albuminé en face de sujets mal éclairés, et d'ailleurs il présente d'autres avantages; il faut reconnaître cependant qu'entre des mains habiles ce dernier procédé fournit des épreuves de premier ordre et que l'expérience seule permettra de décider lequel des deux est supérieur à l'autre.

En versant sur la couche de collodion albuminé une solution d'acide gallique à 2 ou 3 grains (0^{gr},129 à 0^{gr},193) par once (31^{cc},10) et laissant sécher spontanément, on facilite le développement, on rend l'épreuve plus brillante, plus intense, et l'on diminue les dangers de solarisation; il est vrai qu'en opérant ainsi, on diminue légèrement la sensibilité. En employant une solution de tannin à $\frac{1}{2}$ grain (0^{gr},0324) par once (31^{cc},10) et lavant, on obtient un effet à peu près semblable; on produit ainsi des épreuves plus douces sans diminuer notablement la sensibilité. Il

13.

faut, dans l'un et l'autre cas, enlever le nitrate libre, si l'on ne veut voir se former des taches. On peut aussi, ainsi que nous l'avons déjà dit, employer, pour les glaces ainsi préparées, le révélateur à l'ammoniaque et à l'acide pyrogallique; l'exposition peut alors être moins longue que par la méthode ordinaire.

Le procédé Fothergill est plus simple et moins diffi- cile que le procédé au collodion albuminé et il ne pré- sente pas les mêmes défauts. La difficulté d'obtenir une bonne couche d'albumine et de se mettre à l'abri des bulles et des filaments se trouve écartée; en outre, on peut employer un collodion plus nouveau sans craindre de produire des soulèvements. Mais, d'un autre côté, ce procédé a des défauts qui lui sont propres, il a surtout une grande tendance à donner des taches. En suivant la marche ordinaire du procédé Fothergill, il est difficile d'obtenir une grande sensibilité sans se rapprocher de la limite à laquelle les taches commen- cent à se former, par suite du contact du nitrate d'ar- gent et de l'albumine. Sa valeur est, en outre, liée à un très-haut degré à la qualité du collodion, et si celui- ci n'est pas convenable, le développement est lent et faible, surtout si, pour éviter la production des taches, on a complétement enlevé le nitrate avant l'applica- tion de l'albumine. Non-seulement les ciels et les grandes lumières deviennent pâles par suite de la so- larisation avant que les ombres aient assez posé, mais encore la couche a une tendance à se soulever pendant le développement, et si cet accident se produit, elle ne peut plus adhérer ensuite à la glace, ou, ce qui est le pis, elle s'enlève en séchant. Ces défauts semblent se manifester surtout lorsqu'on emploie du collodion très-sensible. Sur des glaces de grandes dimensions, la tendance à se détacher est si marquée, que l'on ne peut employer que des collodions tout à fait pulvérulents et insensibles; en vernissant les bords, on peut l'empêcher, il est vrai, de s'enlever tout à fait au lavage, mais cette précaution n'empêche pas qu'elle se soulève et se détache en séchant. D'un autre côté, si l'on emploie sous le collodion une couche protectrice, la préparation prend alors plus de temps que n'en exigent les glaces au tannin, et le résultat final n'en est pas moins dépendant de l'état du collodion.

Le procédé à l'albumine fournit avec toute espèce de sujet des clichés du plus haut mérite, mais il est difficile d'obtenir une couche parfaite, de lui donner une épaisseur suffisante et de la maintenir intacte de toute souillure de poussière. Les glaces préparées par cette méthode sont peu sensibles et ne peuvent guère fournir à la fois des ciels et des feuillages ou autres objets peu éclairés, à moins que l'on ne consente à sacrifier les premiers, que la solarisation rend alors pâles, sans doute par suite d'un manque d'opacité.

La glycyrrhizine, employée comme préservateur du collodion, ne paraît pas avoir des effets certains. Lorsque le collodion, même s'il a été préparé spéciale-

ment pour être employé de cette façon, n'est pas en
parfait état, le développement est tellement faible, que,
quelle que soit l'exposition, on ne peut obtenir qu'une
trace d'image.

Le procédé au malt peut être pratiqué de manière
à donner de très-bons résultats, mais, en réalité, ce
n'est pas un procédé sec; le sucre qui figure alors sur
la couche lui conserve une surface humide et gluante.
Ce procédé a les défauts de tous les modes de conservation à l'état humide, entre autres celui d'exiger le
maintien dans la couche d'un grand excès de nitrate
d'argent pour obtenir une surface modérément sensible ; la présence de ce nitrate tend constamment à
donner des taches. Il ne paraît pas probable que des
glaces ainsi préparées et dont on n'a pas enlevé tout
le nitrate par le lavage puissent se bien conserver.

L'auteur de cette brochure, après avoir essayé en
vain de modifier le collodion de manière à obtenir dans
les procédés à sec une adhérence suffisante de la couche à la glace, sans diminuer la sensibilité, a expérimenté l'emploi d'un bain sensibilisateur renfermant
moitié et même plus de son volume d'alcool. En opérant ainsi, il a pu diminuer beaucoup la difficulté que
présente l'obtention de ce résultat : la couche perd de
cette façon toute sa contractilité, lors même que le collodion est nouveau et renferme une grande proportion d'éther ; d'ailleurs la sensibilité n'est nullement
modifiée. Pendant quelque temps l'emploi de ce bain

réussit parfaitement, mais peu à peu le liquide acquiert la propriété de dissoudre l'iodure d'argent, et la capacité de dissolution devient telle, qu'une couche sensibilisée peut devenir transparente en quelques minutes. On ne saurait combattre cette tendance, même en conservant un bain trouble dans lequel il resterait de l'iodure d'argent non dissous. Il semble donc probable que l'iodure a été enlevé par cristallisation; la présence de l'alcool semble favoriser la production des cristaux, lorsque le bain est devenu trop riche en iodure. Si l'on étend d'eau une solution contenant beaucoup d'iodure, celui-ci se précipite ; mais si l'on substitue l'alcool à l'eau, cet effet ne se produit pas. Il en résulte évidemment que si l'alcool figure pour une proportion considérable dans le bain, il peut se trouver en dissolution une quantité d'iodure plus grande que si le nitrate se trouvait dissous dans un même volume d'eau. Ce fait peut, jusqu'à un certain point, favoriser la cristallisation de l'iodure.

En évaporant le bain presque à sec et l'étendant ensuite, on le rend de nouveau apte à fournir de bons résultats. Quelque chose d'à peu près semblable se produit, quoiqu'à un moindre degré, avec les bains qui se sont chargés d'alcool emprunté au collodion et dans lesquels on voit se former des lignes de moindre épaisseur dans la direction de la plongée. Si l'on cherche à prévenir la formation de ces lignes en faisant mouvoir latéralement la glace après son immersion, l'opacité se trouve considérablement diminuée et l'on voit apparaître des taches transparentes ; si on a laissé la glace jusqu'au bout dans le bain, la couche semble alors recouverte de sable. Dans ce cas, le bain est probablement surioduré (1) ; si on l'agite dans un flacon bien propre, et si on l'examine avec soin, on aperçoit, suspendus dans le liquide, de petits cristaux transparents et aiguillés ; on suppose que ces cristaux sont formés d'acétate ou d'oxalate d'argent. On peut démontrer de la manière suivante que l'iodure d'argent figure pour une proportion importante dans leur composition.

En ajoutant au bain une très-petite quantité d'eau, on obtient un précipité dense d'iodure d'argent ; on le recueille et on laisse déposer ces cristaux au fond d'un verre, on les lave, puis on les place sur un petit morceau de verre propre ; en le traitant alors par quelques

---

(1) Quelquefois, les cristaux apparaissent sur la couche alors même que le bain a été étendu et filtré, et additionné de nitrate en quantité suffisante pour le rendre capable de dissoudre une proportion considérable d'iodure d'argent. Dans ce cas, il semble que les cristaux d'iodure viennent de la couche elle-même ; un collodion semblable, mais ne renfermant que du bromure, ne se recouvre pas de cristaux, quelque temps qu'on le laisse dans le bain. Ce phénomène semble dépendre de l'état du collodion ; il mérite d'être examiné. Dans cet état de choses, il n'est qu'un seul moyen pour obtenir de bons résultats, c'est de maintenir la glace en mouvement tant qu'elle est dans le bain, de manière à empêcher la formation des cristaux, car chacun d'eux enlevant de l'iodure laisserait une tache transparente.

gouttes d'eau et d'acide nitrique, on observe qu'ils ne se dissolvent pas, mais au contact du nitrate d'argent ils se dissolvent complétement. L'eau peut ensuite précipiter de nouveau l'iodure d'argent de cette solution; le cyanure de potassium, l'hyposulfite suffisamment concentré éclaircissent immédiatement la liqueur trouble ainsi produite.

Lorsqu'un bain a été, par l'usage, amené à l'état que nous venons d'indiquer, on peut le débarrasser de la plus grande partie de l'alcool, de l'excès d'iodure, et de toutes les matières organiques susceptibles de donner des voiles, en suivant le procédé suivant : Ajoutez à ce bain, en agitant, quelques gouttes d'ammoniaque, de manière à lui donner une réaction franchement alcaline, étendez d'un égal volume d'eau distillée, et filtrez. Faites ensuite bouillir dans une capsule de porcelaine ou dans un ballon en verre mince, jusqu'à ce que la solution se trouve ramenée à son volume primitif. On peut chauffer avec une lampe à alcool placée dans une cuvette assez grande pour contenir tout le bain d'argent dans le cas où il se produirait un accident. Le bain étant ensuite à peu près froid, on le filtre sur un papier qui ne renferme pas d'iodure, on lui communique par l'acide nitrique une acidité sensible, et si on doit l'employer à l'état neutre on le passe sur un filtre contenant du carbonate d'argent. Du reste on peut éviter complétement l'inconvénient de la formation de cristaux dans le bain ou

dans la couche de collodion, en additionnant de bromure seul.

Voici une excellente manière de conduire le bain
d'argent : Préparez-le avec du nitrate de bonne qualité, ajoutez-y seulement un peu d'iodure au commencement ; employez toujours un collodion légèrement
jaunâtre, et filtrez, chaque fois que vous en faites
usage, à travers le même filtre (celui-ci ne doit pas
contenir d'iodure) et ajoutez du nitrate neuf au fur et
à mesure des pertes. Ainsi traité, le bain ne marche-
rait sans doute pas avec un collodion presque incolore, mais il peut se conserver en bon état plus longtemps que s'il était acidulé ; au fond même, il peut
durer indéfiniment, pourvu qu'il ne soit pas soumis à
un usage continu qui le charge outre mesure en alcool et en iodure (1). Essayé, ce bain se montrera
toujours parfaitement neutre ; car, en le passant toujours à travers le même filtre, qui, surtout si on ne le
conserve pas à l'obscurité, ne tarde pas à brunir par
suite de la réduction de l'argent, on fait disparaître
les petites quantités d'acide nitrique mises en liberté
par l'iode qui colore le collodion. Jamais nous n'avons
vu de bains se conserver aussi longtemps que ceux
que nous avons traités de cette manière. Quelques-uns
ont duré plusieurs années, mais nous ne leur faisions

______

(1) Certaines variétés de collodion semblent avoir plus que d'autres
la propriété de surcharger le bain en iodure.

pas subir un usage absolument continu, et nous remplacions à chaque opération les quantités d'argent enlevées par la sensibilisation ; jamais ils ne nous ont donné de voiles, et le dernier jour de leur emploi ils n'étaient ni acides ni alcalins au papier de tournesol.

Dans la plupart, sinon dans la totalité des procédés à sec, il paraît utile d'employer sur la glace, surtout lorsque la couche est épaisse, une première couche protectrice, destinée à assurer l'adhérence et à rendre les opérations indépendantes de l'état physique du collodion. Plusieurs substances ont été proposées dans ce but.

Une solution concentrée de caoutchouc dans la benzine réussit, en ce sens qu'elle empêche les ampoules et les soulèvements ; mais malheureusement, aussitôt que l'on chauffe les clichés terminés et secs pour les vernir, la couche se déchire et se craquèle de tous côtés, sans s'enlever de la glace. En dissolvant de la cire avec le caoutchouc, on peut combattre un peu cette tendance, mais on n'obtient qu'une couche sale et granulée ; en outre, la cire se dissout dans l'éther du collodion, et lorsque la proportion en devient considérable, elle donne à celui-ci une tendance à se prendre en gelée sur la glace par suite de la précipitation de la cire ; on obtient ainsi une surface marbrée. Les solutions étendues de caoutchouc ne donnent pas d'adhérence suffisante, à moins que l'on ne mouille la glace par l'alcool avant de procéder au développe-

ment. La glu marine dissoute dans la benzine, où elle
est très-aisément soluble, expose moins aux craque-
lures que le caoutchouc. L'albumine est quelquefois
employée dans ce but, mais en son état ordinaire elle
ne saurait être recommandée ; en effet son adhérence
au collodion est inférieure à celle de la gélatine ; sa
texture est trop serrée pour qu'elle se laisse pénétrer,
et par suite elle ne peut ensuite entrer, à l'état gélatineux, dans les pores du collodion. Cependant, en
général, l'adhérence donnée par l'albumine est suffisante, mais elle exerce sur le bain sensibilisateur une
action plus fâcheuse que la gélatine, et l'on peut aisément prouver que le nitrate pénètre sous la couche de
collodion, en recouvrant une glace de métagélatine
(qui est aisément soluble dans l'eau), la séchant, la
couvrant de collodion et la plongeant dans le bain
sensibilisateur ; on verra bientôt, dans ce cas, la couche se détacher. En outre l'albumine, une fois attaquée par le nitrate, agit d'une manière nuisible sur les
qualités de l'épreuve; car cette même matière soluble
qui attaque le bain cause, lorsqu'il en reste une petite
quantité dans la couche, une détérioration rapide,
une tendance aux voiles et une coloration terne et
jaune du cliché. Cette matière manifeste sa présence
sur les glaces au collodion albuminé mal lavées, mais
il est toujours plus facile de l'enlever d'une couche
d'albumine coagulée à la surface que d'une couche
servant de dessous au collodion. Le mauvais effet

qu'exerce, dans ce cas, l'albumine, peut être évité, en grande partie, en additionnant d'acide libre le bain ou l'eau de lavage; mais on perd alors beaucoup de sensibilité. Les glaces sur lesquelles l'albumine et le nitrate d'argent ont été en contact, exigent non-seulement des lavages, mais des changements d'eau très-fréquents ; sans cette précaution, elles ne se conservent pas par les temps chauds.

Pour employer l'albumine dont il a été question dans le chapitre II, on opère de la manière suivante : Battez 1 once (31^{cc},09) d'albumine avec 30 grains (1^{gr},920) de nitrate de magnésie, ou, si vous n'avez pas ce produit sec sous la main, prenez 30 gouttes d'acide nitrique concentré, saturez-les exactement par du carbonate de magnésie, étendez avec 3 ou 5 onces (93 à 155 centimètres cubes) d'eau et filtrez. Le nitrate de magnésie n'est pas indispensable, mais il paraît faciliter la pénétration de l'albumine par le liquide dans lequel elle doit être immergée, et rendre plus parfaite l'adhérence au verre et au collodion, particulièrement à celui-ci, en rendant la surface plus poreuse (quoique le lavage seul, après coagulation, garantisse considérablement cette adhérence). Couvrez les glaces et séchez-les de la même façon qu'il a été indiqué pour la gélatine. Lorsque les glaces ont été séchées pendant quelque temps à la température de 100 à 120 degrés Fahrenheit (38 à 49 degrés centigrades), c'est-à-dire à une température un peu supérieure à celle de la main, plongez-les encore chaudes dans une cuvette verticale contenant 3o grains ($1^{gr},920$) d'iodure de cadmium par once ($31^{cc},09$) d'eau et autant d'iode qu'il peut en dissoudre. On peut, avec avantage, remplacer l'eau en tout ou en partie par l'alcool ordinaire. Après une minute, retirez du bain, lavez d'abord sous un robinet, puis dans une cuvette d'eau jusqu'à ce que la majeure partie de la coloration ait disparu, lavez de nouveau sous un robinet et séchez à la chaleur artificielle qui fera disparaître l'iode non enlevé par le lavage, puis conservez pour employer exactement de la même façon que la gélatine. La solution d'albumine se conserve très-longtemps si on lui ajoute quelques gouttes d'essence de citron ; elle s'améliore même par le temps. La solution d'iodure a seulement besoin d'être renouvelée lorsqu'elle diminue par l'usage ; elle doit être conservée dans un flacon par crainte de l'évaporation.

La couche d'albumine, préparée comme ci-dessus, permet d'employer pour tout procédé à sec des collodions neufs et cornés, et paraît alors n'exercer aucune action sur le nitrate d'argent : aussi n'est-il pas besoin de se préoccuper de l'altération qu'elle peut causer au bain. Cependant la gélatine réussit si bien avec le tannin, qu'on peut se demander s'il est nécessaire de suivre une méthode qui cause un tel supplément de travail.

Si, lorsque la gélatine est sèche, on la recouvre

d'une couche mince de caoutchouc, on obtient une adhérence considérable et suffisante pour plus d'un procédé à sec; cette méthode est moins laborieuse que la précédente. La seule chose que l'on puisse reprocher à la couche d'albumine insolubilisée, outre les difficultés de la préparation, est la peine que l'on éprouve à l'enlever des verres lorsque ceux-ci ont servi à obtenir des clichés; le carbonate de soude, même en solution concentrée, n'a qu'une action très-lente.

La gélatine peut être employée à la place de l'albumine, comme couche première, pour tous les procédés à sec; elle réussit bien avec certaines espèces de collodion. Avec d'autres elle ne saurait être employée, car elle a une tendance à se dissoudre pendant les différents lavages ou pendant le développement, à moins qu'elle ne soit protégée par l'action chimique qu'exerce le tannin à sa surface.

Dans un grand nombre de procédés à sec, on peut employer avec succès une couche mince de gélatine séchée et rendue insoluble par une solution concentrée de tannin; mais cette méthode est aussi pénible à exécuter que celle qui vient d'être décrite pour l'albumine, et le bain est sujet à s'altérer par le contact d'une trace de tannin.

C'est dans le cours de ses expériences sur l'emploi de la gélatine comme couche préalable que l'auteur a eu l'occasion d'essayer l'effet du tannin dans les procédés à sec. Ayant, depuis plusieurs années, l'habi-

14.

tude d'employer l'acide gallique dans les procédés à
sec, soit en le mélangeant avec le préservateur, soit
en l'employant comme dernier lavage, pour faciliter
le développement, augmenter l'éclat de l'épreuve
et la rendre moins apte à la solarisation, il a été
conduit à penser que le tannin, corps d'une nature
semblable, pourrait remplir le même but. Il l'a alors
substitué à l'acide gallique, d'abord en petite proportion, dans une solution de gomme arabique. Cette expérience ayant réussi, le tannin fut ensuite employé
par lui, de la même manière, en proportion de plus
en plus grande, dans le but d'améliorer encore le
cliché. Dans quelques cas, la solution de tannin fut
employée seule et, il semble, avec avantage ; en effet,
si d'un côté la gomme arabique, mêlée à la solution de
tannin, donne aux parties ombrées ou faiblement
éclairées du sujet un peu plus de sensibilité qu'on n'en
obtient en employant de la même manière le tannin
seul, d'un autre, elle communique à l'épreuve une
plus grande tendance à se voiler, surtout si elle renferme un ciel très-étendu. Dans ce cas, les arbres, les
maisons ou les autres objets qui se détachent sur le
ciel s'entourent au développement d'une sorte d'au-
réole rouge sur les bords. L'acide citrique ajouté à la
solution corrige ce défaut, mais il s'oppose aussi à ce
que la préparation puisse posséder une grande sensibilité.

La gomme arabique employée seule ou avec le tannin, donne à la couche une tendance à se soulever et à se détacher, lors même que l'on a employé une couche préalable de gélatine. En outre, la gomme, même après un lavage soigné, rend le révélateur trouble dans les cas où le tannin n'aurait pas produit cet effet, et la solution de gomme ne filtre pas aussi facilement que celle de tannin.

Nous avons essayé soigneusement l'application d'un mélange de gomme et de tannin, en faisant suivre cette application d'un lavage. Si, comme le recommande M. Keene, on a ajouté au préservateur une quantité suffisante d'acide formique, on peut opérer sans enlever préalablement le nitrate par le lavage; on peut également enlever, autant que possible, cet agent par lavage et immersion dans l'eau distillée, sans voir, pour cela, diminuer la sensibilité. L'intensité est à peine moindre, et l'image est alors plus brillante. Mais si l'on a fait disparaître tout le nitrate en lavant avec de l'eau salée, la sensibilité semble légèrement affaiblie, et l'épreuve manque de vigueur. Il est probable que ce mode d'opérer réussirait mieux si l'on n'ajoutait que peu d'acide ou même si l'on n'en ajoutait point du tout au mélange de gomme et de tannin et si l'on faisait usage du révélateur alcalin. Ces trois méthodes donnent plus de sensibilité que le procédé au tannin, mais la dernière fournit des épreuves moins intenses. Cependant les glaces au tannin, développées au carbonate d'ammoniaque, donnent des images plus brillantes, très-intenses et sont presque aussi sensibles que les glaces préparées par la méthode de M. Keene. Il n'est pas démontré que la gomme, employée sans qu'on ait fait disparaître le nitrate par le lavage, puisse donner une sensibilité plus grande dans le cas où l'on ajouterait une quantité d'acide suffisante pour donner aux épreuves fournies par ce procédé le même éclat qu'à celles obtenues sur tannin; cependant on peut présumer que l'on obtiendrait ainsi un léger avantage.

La gomme, employée avec le tannin, suivant les différentes manières que nous venons d'indiquer, ne donne pas de taches; on doit cependant toujours craindre celles qui proviennent du soulèvement de la couche; la gomme a pour effet de rendre cet accident très-fréquent : c'est là un grand inconvénient de son emploi. Lorsqu'on n'a pas employé de couche préalable sur la glace, la couche se soulève pendant le lavage de la gomme, jusqu'à ce qu'il se fasse un bourrelet d'eau seulement sur les bords. Cette action est si marquée, qu'un support de gélatine ou de caoutchouc et même l'un et l'autre réunis ne suffisent pas toujours à l'empêcher. Plus l'enlèvement de la gomme est complet, plus le soulèvement acquiert d'importance pendant le lavage; moins il est parfait, plus on peut compter voir apparaître des ampoules pendant le développement; en outre, le plus petit soulèvement qui survient à ce moment paraît toujours altérer l'é-

preuve. De tous les subjectiles connus, l'albumine insolubilisée paraît devoir convenir mieux que tout
autre pour rendre la couche suffisamment adhérente
dans le cas où l'on a employé la gomme. En somme,
nous préférons l'emploi du tannin seul; employé avec
soin, il n'offre aucune des difficultés qui caractérisent
l'emploi de la gomme, il fournit des glaces presque aussi
sensibles que celles préparées avec la gomme et le tannin mélangés, sans qu'il soit nécessaire de laisser dans
la couche le nitrate d'argent libre pour obtenir des
clichés bons et vigoureux.

Le tannin, sans diminuer beaucoup la sensibilité
du collodion, possède, à un plus haut degré qu'aucun
autre corps connu, cette réaction organique sans
laquelle, en l'absence du nitrate d'argent libre et après
dessiccation, le collodion ne saurait résister. Si, pour
mouiller celui-ci avant le développement, on emploie
l'alcool, la couche reprend un état suffisamment poreux, ainsi que le montre la coloration blanche qu'elle
revêt alors et l'énergie de l'action révélatrice, pourvu
qu'on ait employé une solution étendue de tannin; si
même on a enlevé cette substance par le lavage, le
développement reste encore suffisamment rapide et
vigoureux.

La seule difficulté que présente d'abord le tannin
consiste en ceci, que son action chimique paraît trop
énergique en face de certains sujets, et lorsque, pour
conserver au collodion la porosité qu'exige le procédé,

on a employé une solution suffisamment concentrée de cette substance. Mais, dans les circonstances ordinaires, on peut aisément combattre cette difficulté en employant des collodions simplement bromurés qui peuvent supporter des solutions concentrées de tannin, et faisant usage d'alcool pour mouiller la couche, ce qui permet de n'en employer qu'une faible proportion. Il est possible cependant que, dans certains cas, l'opérateur désire employer une solution de tannin plus faible que celle qui lui réussit d'habitude; il faut alors suivre la marche que voici : Préparez les glaces à la manière ordinaire, en employant une couche préalable de gélatine; enlevez le nitrate par le lavage, puis recouvrez d'une solution faible de tannin [la proportion de $\frac{1}{2}$ grain (0^{gr},0324) par once (31^{cc},10) exerce un effet très-marqué, elle donne de la vigueur, surtout si l'on développe au nitrate acide], lavez complétement, et enfin recouvrez d'une solution de gélatine ou de métagélatine à 5 grains (0^{gr},323) par once (31^{cc},10). Le développement peut avoir lieu soit avec le nitrate acide, soit avec le carbonate d'ammoniaque, en suivant la marche précédemment décrite pour les glaces au tannin seul. Le procédé à la gélatine se trouve ainsi considérablement perfectionné. Si le collodion est très-sensible, il ne faut employer que juste la quantité de tannin nécessaire pour obtenir une intensité suffisante. Cette méthode, du moins d'après nos essais, semble très-bonne de tout point; elle semble même donner plus de sensibilité, mais ce point n'a pas été suffisamment examiné. Cependant le collodion bromuré, traité par le tannin seul, donne des résultats de qualité tellement supérieurs, qu'on peut se demander s'il est réellement utile de se donner la peine d'appliquer deux couches de gélatine.

Le tannin peut servir à la préparation des glaces sèches de différentes manières, et se mélanger à différentes substances ; mais, parmi toutes ces méthodes, les seules innovations qui nous aient paru être de véritables perfectionnements sont : le lavage du tannin, et peut-être, dans certains cas, l'addition de la résine au collodion, et le procédé par la gélatine que nous venons de décrire.

Le mélange du miel avec le tannin marche bien, mais les quelques essais que nous avons faits pendant les journées humides de l'hiver ne nous ont pas paru donner d'avantages marqués sur la méthode ordinaire. Cependant le procédé au miel peut avoir des qualités lorsqu'on emploie l'eau seule pour mouiller la couche, et peut-être pendant les temps chauds et secs; il ne paraît pas avoir de défauts, si ce n'est qu'il diminue les qualités de conservation des glaces, surtout après la pose.

On peut employer aussi l'acide gallique, mais la proportion n'en doit pas dépasser 1 partie pour 2 de tannin, sans quoi le mélange cristallise en séchant. Les effets principaux produits par son emploi sont une tendance marquée de la couche à se détacher, une diminution de sensibilité, et la production d'une image plus claire et plus brillante, mais aussi plus dure. En résumé, cette modification ne paraît pas présenter d'avantages.

On obtient de bons résultats en mélangeant dans 1 once ($31^{cc},10$) d'eau 5 grains ($0^{gr},323$) de dextrine et 2 grains ($0^{gr},129$) de tannin, mais alors encore la sensibilité est moindre et la couche tend à se détacher. En ajoutant à 2 grains ($0^{gr},129$) de tannin, dissous dans 1 once ($31^{cc},10$) d'eau, une goutte de glycérine, on obtient un préservateur qui marche bien, mais qui, du moins en hiver, ne paraît avoir aucune supériorité sur le tannin seul ; peut-être en aurait-il pendant les temps chauds et secs. La glycérine ne doit pas se trouver au contact du nitrate d'argent pendant le développement, sans quoi, par suite d'une réaction inexpliquée, elle communique aux parties transparentes du cliché une couleur pourpre brillante. Pendant les temps chauds et secs, lorsqu'on emploiera le tannin lavé, on pourra trouver certains avantages à verser sur la glace, avant de la laisser sécher, une solution d'une goutte de glycérine dans 1 once ($31^{cc},10$) d'eau.

Si l'on doit employer au développement le carbonate d'ammoniaque, ou une solution de miel assez étendue pour que la couche ne reste pas humide, si le développement doit avoir lieu par l'acide pyrogallique et

le nitrate d'argent, cette précaution empêche la dessiccation trop absolue de la couche.

Le tannin peut encore être employé avec tout
autre préservateur, pourvu que son mélange avec ces
corps ne produise aucun trouble dans la liqueur, mais
il n'y a aucun avantage à employer dans ce but des
substances, qui, comme le tannin lui-même, ont une
tendance à produire une sorte d'estompage sur les
bords des ciels et des grands blancs. Il n'est guère de
substances, parmi celles essayées jusqu'à ce jour, qui
n'aient ou ce défaut, ou celui de diminuer la sensibilité,
ou celui de soulever la couche, ou qui n'aient tous ces
défauts à la fois.

L'action stimulante qu'exerce le tannin sur le développement est extrêmement remarquable, car elle est
plus grande que l'action exercée par les acides gallique
et pyrogallique ; cependant le tannin est un réducteur
moins énergique que l'un et l'autre de ces deux acides.
En effet, à moins qu'on ne l'additionne d'une certaine
quantité d'alcali, le tannin n'a qu'un très-faible pouvoir révélateur ; on peut le mélanger même avec une
solution concentrée de nitrate d'argent, et l'appliquer
ensuite sur une glace exposée à la chambre noire ; à
peine, dans ces circonstances, donnerait-il, au bout
d'une heure ou même davantage, une faible indication du ciel. En lavant le tannin avant le développement, ou même immédiatement après son application,

15

on ne diminue pas l'action stimulante qu'il exerce, tandis qu'il suffit d'un lavage de quelques minutes pour annihiler entièrement cette action, lorsque le stimulant employé est l'acide gallique.

Les propriétés du tannin et de l'acide gallique diffèrent encore à un autre point de vue ; si l'on augmente la force de la solution de tannin de 1 grain à 30 grains ($0^{gr},064$ à $1^{gr},920$) par once ($31^{cc},09$) (1) et qu'on l'applique sur un collodion neuf et sensible, on voit l'épreuve augmenter de vigueur et d'intensité ; tandis que l'acide gallique agit différemment et d'une manière variable. On ne peut reconnaître le fait en employant sur des glaces au collodion albuminé des solutions de différentes forces, soit parce que la plus grande concentration ne peut dépasser la limite de la plus grande intensité, soit parce que la couche ne peut retenir assez d'acide gallique au delà de cette limite, le reste se déposant à l'état cristallisé. Si cependant on dissout de l'acide gallique dans la proportion de 1, 2,

---

(1) L'augmentation d'intensité que l'on obtient en augmentant la concentration de la solution de tannin paraît s'arrêter plus tôt lorsqu'on enlève ce corps par le lavage, que lorsqu'on le laisse sécher sur la couche. Une solution de 15 grains par once ne donne guère plus d'intensité qu'une solution à 8 grains, lorsque l'une et l'autre ont été lavées. Il semble donc probable que l'intensité causée par l'emploi d'une solution à 30 grains est due, au moins en partie, à l'action physique qu'elle exerce sur la couche.

3 et 4 grains par once dans des portions différentes d'une solution de métagélatine renfermant de l'alcool, et si l'on couvre avec ces solutions quatre glaces au collodion sensibilisées et lavées, on trouve, en les développant après une même exposition, que, dans ces limites, l'acide gallique, au fur et à mesure qu'on en augmente la proportion, augmente d'abord, puis diminue l'intensité. On peut encore montrer cette action alternante de la manière suivante : Sensibilisez une feuille de papier Talbotype ioduré, enlevez le nitrate par un lavage soigné dans l'eau commune, séchez-la, puis pliez-la en trois parties égales, posez la partie médiane sur une solution saturée d'acide gallique dans l'eau, immergez-en dans ce liquide une des extrémités, puis pendez pour sécher, en laissant à la partie inférieure l'extrémité qui se trouve mouillée des deux côtés ; exposez à la chambre noire et développez : vous reconnaîtrez alors que la partie médiane est moins intense que chacune des deux parties extrêmes. La même action alternante se manifeste lorsqu'on sèche à la chaleur artificielle des glaces préparées à l'acide gallique, par l'intensité inégale qui se produit alors. Si la force de l'acide gallique est la plus favorable à la production d'épreuves intenses, toute concentration par l'évaporation ou par la chaleur produit de la faiblesse dans l'image développée ; cet effet se manifeste dans les parties qui ont été les plus longues à

sécher. Si le tannin possède la même action alternante, les limites de la plus grande intensité ne sont
pas, en tout cas, aussi rapprochées. L'auteur ne saurait,
quant à présent, former aucune hypothèse sur ce phénomène.

APPENDICE.

M. le major Russell a bien voulu adresser au traducteur de cette brochure les notes suivantes qui ne figurent pas dans l'édition anglaise du *Procédé au tannin*, et qui renferment des indications utiles sur certains faits dont la pratique lui a révélé l'importance depuis la publication de sa deuxième édition. Les remarques de M. le major Russell s'appliquent surtout à l'emploi du collodion bromuré.

Les vieux collodions ne peuvent pas être employés pour le nettoyage des glaces quand ils contiennent des sels capables d'absorber l'humidité atmosphérique; dans ce cas, en effet, les polissoirs se salissent et laissent sur les glaces des taches qui se manifestent sur l'épreuve sous forme de points insensibles.

On obtient un meilleur nettoyage en employant un mélange formé de 1 partie de benzine et 7 parties d'alcool non méthylé (celui-ci irriterait les yeux) auquel on ajoute un peu d'iode et de tripoli.

La formule indiquée pour le collodion simplement bromuré avait donné d'abord d'excellents résultats;

mais en reprenant ses expériences, M. Russell reconnut bientôt que ces résultats étaient incertains et se trouvaient modifiés par une cause inconnue. Après de longues recherches, il fut convaincu de ce fait que le bromure d'argent seul ou mélangé en grande proportion à l'iodure se colore sous l'influence du révélateur sans avoir vu la lumière, lorsque tout le bromure soluble du collodion a été enlevé par le lavage. D'un autre côté, M. Russell a vu que si la proportion de bromure soluble restée dans la couche est trop considérable, celle-ci perd de sa sensibilité, tout en donnant des épreuves bien nettes. Le succès dépend donc de la détermination exacte des proportions de bromure soluble qu'il faut laisser dans la couche.

Voici la marche que conseille M. Russell : on prépare le collodion suivant:

Pyroxyline..........	2 à 4 grains	($0^{gr},129$ à $0^{gr},258$)
Bromure de cadmium..	8 grains	($0^{gr},517$)
Bromure d'ammonium.	2 grains	($0^{gr},129$)
Alcool ($D = 0,810$)..	$\frac{1}{2}$ once	($15^{cc},55$)
Éther	$\frac{1}{2}$ once	($15^{cc},55$)

On peut ajouter 1 grain ($0^{gr},0647$) d'iodure de cadmium. Avec ce collodion aucune couche préalable n'est nécessaire ; du reste, l'usage des couches de caoutchouc est seul possible et la gélatine ne doit jamais être employée dans ce cas.

Le bain sensibilisateur doit être, au moins, à la

concentration de 60 grains (3^{gr},88) par once (31^{cc},10) ; on peut l'acidifier légèrement par l'acide nitrique. Chaque glace doit rester dix minutes dans ce bain.

C'est du lavage qui suit la sensibilisation que dépend la netteté de l'épreuve. Il doit être conduit de telle sorte qu'il reste dans la couche assez de bromure soluble, mais qu'il n'en reste pas trop. Il est difficile d'indiquer *à priori* une règle certaine pour cette opération ; elle doit varier avec la nature du collodion employé et sa pénétration plus ou moins facile par l'eau de lavage. Le mieux paraît être de faire sur chaque collodion dont on veut faire usage quelques essais préliminaires. Il est à remarquer d'ailleurs que le maximum de sensibilité est incompatible avec le maximum de netteté.

Dans tous les cas la marche qui paraît devoir être suivie de préférence consiste à donner au lavage une durée telle, qu'il reste dans la couche une quantité convenable de bromure soluble. Si l'expérience démontre (par un essai fait sur une première glace) qu'il y a eu erreur, il faut corriger cette erreur, soit en faisant varier en plus s'il y a insensibilité, et en moins s'il se produit des voiles, la durée du lavage des autres glaces, soit en les lavant à fond pendant plusieurs heures, et les mouillant, le lavage terminé, avec une solution renfermant $\frac{1}{20}$ ou $\frac{1}{40}$ de grain (0^{gr},0032 à 0^{gr},0016) de bromure de potassium par once (31^{cc},10) d'eau, que l'on enlève ensuite par de nouveaux lavages.

Avant le développement, il est bon de mouiller la couche avec de l'alcool. Il faut prendre un mélange à volumes égaux d'alcool et d'eau, le verser sur la glace, rejeter immédiatement l'excès dans un flacon, et abandonner la couche à elle-même environ cinq minutes : l'alcool s'évapore, l'eau reste, et le révélateur peut ensuite couler librement à la surface du collodion.

M. Russell a récemment découvert, en s'appuyant sur une idée émise par M. Sutton, la cause des auréoles qui, dans les procédés secs en général, et surtout dans le procédé au tannin, se forment quelquefois sur les contours des parties éclairées. Cet accident est dû à la réflexion, en arrière de la glace, des rayons lumineux qui ont traversé la couche sensible. On le combat aisément en tirant les clichés sur verre jaune-orangé. Mais comme des verres de cette nature seraient impropres à l'impression des positives, M. Russell recommande, dans les cas où cet accident semble devoir se produire, d'employer des glaces dont le dos ait été peint avec une couleur jaune quelconque délayée dans la gomme et facile à enlever par un lavage à l'eau lorsque l'épreuve est terminée.

FIN.

TABLE DES MATIÈRES.

PARIS. — IMPRIMERIE DE GAUTHIER-VILLARS,
rue de Seine-Saint-Germain, 10, près l'Institut.